U0027945

suncolor

suncolor

預見
熟年的自己

老後自在的生活法律

呂秋遠 著

suncolor
三采文化

目錄

Chapter 1／老後的自己

Chapter 2

老後的親子關係

Chapter 3／老後的財務

Chapter 4

老後的死亡

作者序

牽扯決定的不是法律，而是人性

呂秋遠

這本書的成型，應該在幾年前就已經開始構思，原因當然不只是因為老年化社會的到來，而是因為這些年來看到的家事法律糾紛，越來越多都是因為「放不下、看不開」，而這六個字，剛好就是進入熟齡階段以後，應該要學習的議題。這本書的撰寫時間，正是台灣疫情最嚴重的時候。多數台灣人的生活，因為這場疫情，受到相當大的衝擊與影響，這本書或許可以提供「及其老也，血氣既衰，戒之在得」的實際解決方法。

中年以前，我們人生的聚焦點，大部分都是在工作，如何能夠讓事業更好、薪水更高，但是到了中年以後，當事業逐漸穩定，乃至於已經開始在盤算退休生活時，可能會赫然發現，人生最珍貴的某些人、事、物都已經消失。家庭裡，妻子或先生等著要離婚；孩子不孝、等著分財產；遇到心動的人，卻已經回頭無岸；配偶過世想要再婚，卻被子女警告不得續絃；財產要怎麼分配才公平？每個孩子都有自己的意見，但是累積財富的父母卻一句話也不敢說。這些議題，讓人痛徹心扉，卻不知道該怎麼處理。這些熟年以後會遇到的議題，都不是法律能解決的，而是在知道法律怎麼規定以後，提得起、放得下，才能真正做決定的事。

所以，與其說這本書是要「教導」熟年以後要怎麼過生活，不如說，是在瞭解別人的悲劇以後，明白自己可以怎麼過生活。法律只是一種社會上認可的規範，缺少了人的運作，就沒辦法落實。可是當熟年以後，往往牽扯自己決定的都不是法律，而是人性。希望讀者在閱讀這本書的時候，可以透過案例與法律上的規定，去思考法律設計的細微之處，以及自己可以做的決定。中年以後，時間已經是倒數計時，最重要的事情，不會是讓別人快樂，而是如何讓自己快樂。這不是自私，自私，是指傷害別人來滿足自己，但是讓自己快樂，不必然要傷害別人，而且往往如果有人覺得自己被傷害，那都是因為他有不必要的期待。

希望我們，在閱讀完這本書以後，可以對自己與別人，都不要有超越本分的期待。

Chapter 1

老後的自己

我該離婚嗎？

先生說：「婚姻，只是生活，生活，一點都不浪漫，
是很實際的。我們都這把年紀了，談什麼感情、談什麼彼此？
沒有錢，我看你要怎麼過生活？」

這幾天，她的情緒出現不明的焦躁，或許是因為疫情讓她緊張，她幾乎每天打電話給遠在臺北工作的兒子與女兒，要他們勤洗手、戴口罩，盡量不要外出。聽著他們的聲音，即使不耐煩，她的心都可以安定起來。也或許是因為缺水，不知道梅雨何時會來。但是她心裡隱約知道，這些外在的問題都不是困擾她的主要原因，而是因為先生要退休了。

她跟先生結婚已經三十幾年，大學畢業沒多久，只工作了半年，就跟先生結婚。婚後，他們就像是「一般的夫妻」，先生工作養家、她負責照顧家裡的一切，把兩個孩子帶大。他們會吵架，當然也會和好。先生是個好好先生，沒外遇、不家暴，然而他也沒特別興趣，不愛說話，每天就是上班、下班、看電視、睡覺，他算是好先生嗎？應該是。但為什麼她對於先生即將退休，竟然這麼恐慌？

她望著井然有序的家、剛剛摺疊好的衣服、一塵不染的地板，這個家，看起來這麼美好，她到底為什麼突然覺得這麼慌亂？難道是因為去年，她因為睡不著去找諮商心理師，那位老師對她說的話：「你的心裡有個缺，你要找出那把鑰匙、打開那扇門。」在外人看來，她是人生勝利組，先生的工作穩定，薪水都交給太太處理、有間不動產，貸款已經付清、兩個孩子，一男一女，都已經工作幾年，男生在高科技公司上班，有穩定交往的女友，即將結婚；女兒擔任公務員，剛剛新婚有孩子。她到底還有什麼不滿？

她心不在焉地擦著已經很乾淨的桌子，想著晚上老公回家要做什麼菜。在老公下班前，她總是會把家裡整理得很好，等他在七點整到家，兩個人一起吃飯。他們兩個人在餐桌上大多不說話，即使有，也是看著電視的政論節目，他會開始罵政府，她則是口不對心的回應兩句，畢竟她對政治並沒有興趣。或者是，他們談孩子，現在的工作如何、孫子出生了，什麼時候有空去看等等。至於他們兩個的事，沒事，他們怎麼會有事？他們早在十年前就分房、二十年前就沒有性生活，三十年前就不談感情，怎麼會有事？

不談感情，她對於這件事其實很疑惑，因為婚姻裡怎麼可以沒有感情？前幾年，她鼓起勇氣對先生說：「孩子都大了，可是我們好像都不談感情、不談彼此了，這樣的婚姻算是婚姻嗎？」聽到這個疑問，先生不以為然地對她說：「婚姻，只是生活，生活，一點都不浪漫，是很實際的。我們都這把年紀了，談什麼感情、談什麼彼此？沒有錢，我看你要怎麼過生活？」她被先生一頓搶白，覺得好像也有道理，於是也沒再說些什麼，人生，就是人在生活，就過生活而已，何必想這麼多，好像也沒錯。

隨著先生下班的時間越來越近，她竟然開始心跳加速，好像有些聲音在她腦裡、身體裡，告訴她，人生不是只有生活而已。她想到了剛畢業的時候，老師告訴她，關於法國料理，她很有天分，也幫她申請到獎學金，只要她點頭就能去。她心裡非常想要去巴黎，可是先生當時阻止了她。先生告訴她，學烹飪能做什麼？他已經進了上市公司上班，以後他可以養她。是，他履行了承諾，不只養她，而且養了兩個孩子。可是，如果她當年去法國學烹飪，現在會是什麼樣子？如果她當年跟著法國老師一起去墾丁衝浪，後來的人會不會是她先生？如果人生可以重來，她還會選擇這三十年嗎？先生覺得法文沒用、烹飪沒用、衝浪沒用，那都不是生活，一點也不實際。但是，現在的生活，難道是她要的嗎？

想到他退休以後，就要每天跟他面對面過著他「所謂的生活」，她像是下了什麼決心一樣，握緊了拳頭，輕輕地在茶几上敲了一下。門口的開鎖聲響起，桌上熱騰騰的飯菜已經準備好，瓦斯爐上的熱開水正在滾，水壺發出尖銳的響笛聲。她不知道該不該先去門口拿拖鞋給先生，還是先去廚房把瓦斯爐關掉，或是，鼓起勇氣直接跟老公談這件事：

「我不愛你了，我要跟你離婚，過我自己的生活。」

呂律師聊天室

熟齡女性離婚為何倍增？

日本從二〇〇四年開始，流行一個新名詞，稱為「卒婚」，這是介於離婚與繼續婚姻之間的幽暗地。「畢業」的日文叫做「卒業」，卒代表「結束」，套用這個語意，卒婚代表著「結束了婚姻這門修業」。意思就是，心理牽絆的結束，但是法律意義上的婚姻關係仍保留著，維持著「分而不離」的狀態。這種情況在日本極為常見，原因有二，首先是財產問題，兩個人結婚至今，財產往往難分難捨，真要切割，或許有一方會捨不得。其次是日本的社會風氣，對於離婚的看法仍然相對保守。因此許多夫妻選擇了這樣的方式，在夫妻兩人完成了所謂「生兒育女」的義務後，選擇了各自生活，這就是所謂的卒婚。

臺灣的卒婚比例，並沒有正式統計，但是熟齡女性離婚的比例卻逐年增高。根據內政部統計，六十五歲以上的離婚對數呈現增加趨勢，一〇八年就有六百九十四對夫妻離異。以全體離婚率來說，結婚三十年以上的夫妻，從兩千四百三十五對，一路增加到三千一百四十三對，從四・五四%增加到五・七八%；結婚二十五至二十九年的夫妻，從兩千零八十三對增加到兩千五百九十八對，比例從三・八九%增加至四・七八%。值得關注的趨勢是，男性方面，民國一〇〇年有一千八百三十九人，一〇八年僅增加到兩千一百三十三人。女性部分，一〇〇年僅三百一十七人，一〇八年卻有七百八十一人，十年來，熟齡女性離婚人數已倍增。從這個趨勢來看，勇敢面對離婚的熟齡男性增長有限，但熟齡女性未來大概會只增不減。

為什麼？當然是因為女性自覺的趨勢。在過去的臺灣社會裡，由於父權的力量過於強大，女人離婚似乎變成一種原罪。許多女人在面對家族、社會的壓力下，選擇離婚必須要有莫大的勇氣。然而，在父權結構逐漸鬆動以後，許多原本被世俗價值觀綑綁的女性，逐漸選擇了單身，而不是選擇繼續隱忍。那麼，她們在隱忍什麼？隱忍的事情很多，但是男性卻不容易自覺到這已經是長久的隱忍。甚至在配偶跟先生提到這些事的時候，他們選擇的方式竟然是逃避或是視而不見，覺得這沒什麼大不了的。畢竟，他覺得根本沒有家暴、沒有外遇、一切溝通都沒問題，到底發生了什麼「大事」，讓結婚三十年以上的夫妻最後走向離婚？

好的，究竟有沒有什麼大不了的呢？

太太的夢想是什麼？她在結婚前曾經做過什麼夢、想要成為什麼樣的人？因為擔任家務的主要照顧者，她在工作領域上，又犧牲過多少？你有多久沒有跟太太談感情、談她的需求、談這個家的未來？你知道她最近換了髮型、卵巢似乎有病變？你盯著電視的時間是不是多於盯著太太？兩個人坐在飯桌前，是不是除了天氣外，其他的話題就是圍繞在已經成年的孩子身上？你是不是經常會忽視她的意見，覺得賺錢的人最大，不過就是你養她，她才能存活到現在？你會不會有意無意地讓她覺得受傷，以「男人特有」的「幽默」，讓她覺得很尷尬，甚至覺得她就是家裡的附屬品，你是天，她是地。

在三十年前，即便有這些問題，女性也大多覺得，忍忍就算了，婆婆與媽媽，還不是這樣過了一輩子？可是現在的女性接收到的訊息越多，她們的教育程度越高，就會知道男女平權是天經地義，女人可以有自己的夢想、可以有自己的工作、可以有自己的人生，為什麼要委屈自己，才能在婚姻裡存活？或者是，這樣的存活意義何在？都已經六十歲了，就算有生兒育女的「責任」，如今也已了，難道還不能選擇自己想要過的未來嗎？還得要強迫自己，跟一個早就不愛、早就不被愛的男人，了此殘生？如果男人還在工作，至少一天還有八小時可以喘氣與逃避，但是現在男人退休回家，以後的生活該怎麼過？每天相看兩相厭，是不是選擇離婚會是一種方向？

所以，別再以為沒有家暴、沒有外遇，就代表另一半可以跟你白頭偕老，畢竟永浴愛河也得要有愛。而婚姻是需要經營的，當有人不願意經營婚姻，只是在過活，兩個人都沒意見，當然就可以這樣過一輩子，可是如果有一方在隱忍，甚至根本不知道對方在想什麼、要什麼，這樣的婚姻就會只剩下責任。而當責任已了，或許就是離婚的時候了。

麥迪遜之橋

先生沒有發現她的雀躍，只覺得今天晚上的飯菜特別豐盛。
在睡前，她發了訊息給對方，想要知道，
他明天工作完，能不能跟她見個面。

「愛上他，不只是我的錯，是你給我的寂寞惹的禍。」*這是她最近常常在唱的一首歌，因為她非常矛盾，不知道該選擇什麼方向。這一切，都是從那杯咖啡開始的。

她跟先生已經結婚將近三十年，住在南部的小鄉鎮裡，兒女都已經長大。先生是一個「合格但無趣」的人，簡單來說，他沉默寡言，不會說甜言蜜語，但是很可靠。婚後，他不僅將薪水都交給她，也把房子登記在她名下。他們雖然沒有共同的興趣，但是先生非常尊重她的選擇，她想要學任何的新事物，他都沒有意見。而先生的興趣？其實她不知道。因為先生回家以後，只會對著電視操縱遙控器，看看股票、聽聽政論節目，就準備上床睡覺。因為要早起，他很早就會睡覺。而且，不知道是因為作息，還是因為先生對她沒興趣，他們從婚後第三年（記得真清楚），就沒有發生過性行為，她卻會熬夜到深夜看日劇與韓劇，為了當中的情節哭泣與讚嘆。

他們是室友，不會做愛、不會談戀愛。他人很好，真的很好，如果在沒有遇到第三者之前，一切都很好。

她像往常一樣，到家附近的超市買晚餐的材料。孩子已經長大在外工作，先生又不計較晚餐內容，所以要準備材料並不是難事。她準備買完材料後，就到瑜伽教室去練習新的動作，所以穿著打扮都很一般，就只是簡單的淡妝而已。就在採買的時候，有個人過來跟她打招呼，原來是小學同學。他看起來一派輕鬆的打扮，原來他的職業是攝影師，多數時間在臺北工作，最近才因為要拍照的原因，回到家鄉來短暫停留，過一陣子就要走。

她看到曾經暗戀過的小學同學，竟然以如此颯爽的姿態出現在她面前，覺得太開心了。當下瑜伽課也不去了，兩個人就到鎮裡唯一的文青咖啡館喝咖啡。那家咖啡館，從開幕到現在，她一直沒去過，總覺得一個人去咖啡館很無趣，可是找先生去，先生只會不屑地說，即溶咖啡也很好喝。今天總算有個人可以陪她一起去，簡直太好。他們就在那家咖啡館，度過愉快的下午，兩個人聊起小學畢業以後的生活，他搬家到了臺北，爸媽就在臺北發展，而他一路就在臺北念國、高

＊註《愛上他不只是我的錯》©1996 李宗盛、李雨寰、周士淵

中、大學。畢業以後離過兩次婚，沒有小孩，當攝影師到現在，在業界也是鼎鼎有名。而她，高職畢業以後就在家鄉工作，後來透過相親認識現在的先生，也走到現在。他們交換了LINE與電話，他告訴她，會在這裡停留兩個星期，之後會回去臺北。

當天晚上，不知道為什麼，她高興得睡不著覺。先生沒有發現她的雀躍，只覺得今天晚上的飯菜特別豐盛。在睡前，她發了訊息給對方，想要知道，他明天工作完，能不能跟她見個面。沒想到，訊息立刻有了回覆，簡單的英文字：Okay，卻讓她的心窩熱了半晌。他們約在今天見面的咖啡館，畢竟他們今天的話題還沒聊完。她覺得跟這個男人，有說不盡的話題，簡直是太理想的朋友。她聽著旁邊的男人打鼾，心頭一片顫動，就這麼失眠到了早上。等先生出門後，她迅速地打扮，拿起很久沒有用的化妝品，著實地讓自己可以看起來再年輕幾歲。穿上了已經有將近十年沒穿過的衣服，邊抱怨自己為何前幾年不開始減肥，但也就這麼出門了。

他們兩個人在咖啡店一樣聊得很愉快，讓她覺得，簡直相見恨晚。接著，他約了她第二天到海邊，他想要為她拍照。為了這件事，她特別去了鎮裡的髮廊做頭髮，可是，先生似乎沒有注意到她的髮型改變。他們在這幾天，除了他為縣政府拍照的工作外，他們幾乎都在一起。吃飯、聊天、喝咖啡、拍照，幾乎玩遍了所有的地方。她還是準時回到家，為先生做飯。但是，她心裡知道，這樣的日子即將結束，至少在幾天後，他就得回到臺北，這樣的夢，即將破滅。她很捨不得，可是知道也只能這樣。可是，就在最後一天，他不經意問了這句話，讓她的心裡從暗潮流動，頓時興起萬丈波瀾。

「你願意跟我一起去臺北看看嗎？」

到現在為止，他們之間，什麼都沒發生。但是她知道，繼續這樣下去，原來的家庭就會毀掉，她要嗎？她可以要嗎？她應該要嗎？

呂律師聊天室

所謂的愛，是需要相處的

中年以後的婚姻，多數都是無趣，原則上，只會圍繞在孩子、同事、生活之間打轉。這些所謂的「俗事」，占去了兩個人多數的對話時間。或者說，許多婚姻一旦久了，夫妻是不對話的。先生加薪升官，妻子大概就是盤算著孩子的補習費有著落了；妻子換了新髮型，先生大概也是視若無睹。兩個人之間的生活，波瀾不興是常態，除非有一方外遇，否則這樣的生活，大概就會繼續維持下去，直到終老。

這樣的婚姻沒有意義嗎？倒也未必，端看一方對於婚姻的想法是什麼。有些人在結婚的時候，不見得知道自己想要什麼，橫豎結婚就是過生活。生活中會有很多不同的挑戰出現，先是適應、再來是工作，還有小孩得照顧，這些柴米油鹽，就足夠讓每個人的生活充滿忙碌，誰還會記得在結婚之初，兩個人其實都希望婚姻生活是可以讓彼此成長、關愛、溝通的場域。日子一久，大概也就是這麼過了，去問對方「你愛不愛我」，在戀愛時是浪漫，在婚後就是白目了。

但是，當有人出現，而且這個人足以破壞生活的常軌，就會讓人衍生許多不同的想像空間。我們來談談張愛玲的小說《紅玫瑰與白玫瑰》，在這本小說中，有段非常有名的文字：

「也許每一個男子全都有過這樣的兩個女人，至少兩個。娶了紅玫瑰，久而久之，紅的變了牆上的一抹蚊子血，白的還是『床前明月光』；娶了白玫瑰，白的便是衣服上沾的一粒飯黏子，紅的卻是心口上一顆硃砂痣。」

對於某些讀者而言，這是一種選擇，似乎就是一種「魚與熊掌不能兼得」的故事。然而，細讀張愛玲的這本小說，她想寫的似乎不是這個觀點，而是在講一個虛偽的「好」男人故事。男主角振保，因為覺得紅玫瑰很難掌握，所以選擇了白玫瑰；但是選擇了白玫瑰以後，又覺得紅玫瑰才是他要的。若干年後，他成為了一個宜室宜家的好男人，事業有成、妻子乖巧。某日，當他看到了朝思暮想，但垂垂老矣的紅玫瑰，而且是愛著她先生的紅玫瑰。這對他而言，簡直難以想像，他如此成功，她不是應該要懇求著他回來，怎麼還能如此坦率地說，愛著她現在的先生？

他的胡鬧，是為自己鳴不平。割捨了愛情，才換來現在所謂穩妥體面的生活，妻子雖然乏味，但他自認為對妻子已經盡心盡力，她竟然還是跟一個骯髒落魄的裁縫在一起，這讓振保的犧牲變得不值一提。他心疼自己，悔不當初。所以他真的就放蕩了一段時間，這是他無用的反抗。可到最後，振保還是要妥協，他不能親手撕碎自己長久以來奮鬥的一切，不能真的毀壞自己的家庭與體面。所以，他仍是從此，做了個好人，回到原本勤懇的樣子。欲望敵不過現實。欲望不滿，拚命折騰，折騰半生，還是在現實面前低了頭。敵不過，就選擇無視，彷彿欲望不存在。宛若新生，重新做人。

所以，「第二天起床，振保改過自新，又變了個好人。」

多數的婚外熟年戀愛，都是遇到這樣的情況。當一個意外，挑起了自己被隱藏已久的欲望，剛開始會覺得義無反顧。但是，冷靜下來以後，想想自己的現實生活，就會開始退縮，因為沒有勇氣真的撕裂與過去之間的連結。畢竟，這要付出的代價太大，大到自己不敢想像。因此，最後的結局，往往都是繼續這樣下去，直到被另一半發現為止，再來做決定，或是被迫做決定。在另一半還沒發現之前，要結束這一段難、要重新開始另一段更難，這不是不夠愛，而是根本不確定這是不是愛，或者說，不夠愛。

可是，原本這就會是最有可能的結局版本。因為所謂的愛，是需要相處的，沒有相處的「愛」，就像是沒有根的浮萍，原本就很難維繫。當所謂的愛情遇到現實，其實要選擇，很容易。不容易的，是上癮以後，對於這種感覺的難以割捨，可是，那真的不是愛，那是欲望。滿足欲望，沒什麼不好。但是，請不要誤會，因為親愛的，那不是愛情。

3

熟年的婚姻殺手

我的伴侶生病了

她不懂先生這句話的意思，他竟然把悲傷當成嗜好？
這不就是自討苦吃嗎？
有誰會喜歡陷入悲傷的情緒當中，竟然會是嗜好？

她與先生結婚三十年，就像一般的夫妻，會吵架、和好，有兩個孩子。在外人看來，他們是極為互補的一對，先生的思維比較天馬行空，而她的思維卻比較務實。兩個人從年輕時就一起創業，同甘共苦以後才在業界裡打出名號。她一直以為，她非常瞭解先生，她愛他的一切，包括才華，也相信他們可以白頭偕老。然而，最近的情況讓她覺得不太對勁，也不知道該怎麼辦。

首先，她發現先生的胃口大減。原本夫妻都會一起到餐廳吃飯，但是先生總是吃了兩口就放棄。在公司開會的時候，他的思維會突然超乎現實，以前的他，縱然浪漫，但不糊塗，可是現在的情況卻讓她覺得有些緊張。他提出的新計畫，在財務上或是業務上，幾乎不切實際。當她對他反映這些事情的時候，過去都是理性溝通，但是現在演變成他會突然暴怒，對她咆哮，再把自己關在房間裡不出來。接著，他越來越不願意出門，連到公司上班做決策都不願意。以往的朋友，他也不願意見，就是把自己封閉起來，怎麼勸他也沒用。

她直覺不對，或許先生已經生病了，也嘗試跟先生溝通，但是先生對她的態度非常冷漠，勸他去看醫生，他也不願意。孩子長大以後，已經搬出去住，房子裡，冷冷清清，就是他們兩個人而已。她越來越不想回家，因為這間房子，簡直就是被詛咒一樣，讓她覺得回家就像回到冷宮裡。橫豎她就在公司裡加班，一方面處理他遺留下來的工作，另一方面也用大量的工作麻痺自己，可以不要去面對這種情形。她覺得，繼續這樣下去，婚姻大概也沒辦法繼續。所以，她找了律師，請律師幫他們寫了離婚協議書。

那天晚上，難得看到他在客廳裡，若有所思地在沙發上。她把準備許久的離婚協議書放在茶几，對著他說：「如果你跟我在一起這麼不快樂，那我們離婚吧！」先生聽到這句話，身形震了一下，然而迅速回復鎮定，拿起筆來就立刻要簽名。她有點震驚，難道我們三十年的婚姻就這樣？竟然完全不留戀。而且，「你也看看內容再說」，怎麼完全都不在意協議書的內容？她一把將筆搶下來，然後大聲地質問他：「你到底要這麼要死不活到什麼時候？你可以正常一點嗎？」

「你知道嗎？我很痛苦。」他慢條斯理地說，一點也不受到她咆哮的影響，彷彿他在自言自語。

「我們辛苦這麼久，已經不愁吃穿，你也不想想以前我們還沒創業時候的樣子，你到底有什麼好痛苦的？」她有些生氣，不知道他現在到底怎麼了。

他沒有說話，只是冷笑了一聲。

「你一天到晚都悶在家裡，你有考慮我跟孩子的感受嗎？要你去看醫生，你也不要。我願意陪你出去走走，你也不要，到底你想要怎樣？我已經很累了。」她開始哭泣。「我真的受不了你這樣的狀況。」

「你沒有錯，我確實讓人很受不了，連我都受不了我自己。」他站起身來，準備要往房間走去。

「你給我站住！」她從來沒有用過這麼嚴厲地口氣對他說話。「我求求你，可不可以想開一點，沒事的。我們重新開始，好嗎？」

「沒有什麼好重新來的。我有一種感覺，就好像自己掉進一個黑洞裡，無論我怎樣嘗試爬出來都沒有辦法成功。每次我想要出來，我心理上的疲累、覺得什麼事都無價值的念頭，就會讓我再次又沉下去，好像我永遠都不能再次看到光一般。你可以理解嗎？」他總算說了比較多的話，雖然她對於這種感覺，似懂非懂。

「你希望我怎麼做？我們一起去看醫生好不好？」她哭著跟他說。「我已經不想要過這樣的生活了。」

「我知道，所以你離開我就好，我不想拖累任何人。房子給你、公司給你、錢都給你，我只要安靜就好，死了其實也沒關係。你知道嗎？對我來說，悲傷已經成為一種嗜好。」

她不懂先生這句話的意思，他竟然把悲傷當成嗜好？這不就是自討苦吃嗎？有誰會喜歡陷入悲傷的情緒當中，竟然會是嗜好？

「我明天會找兩個朋友來，當我們的離婚證人，很快你就可以解脫了。」他飛快地在離婚協議書上簽字，然後轉身進入房間裡。

她持續地、無助地哭泣，不知道為什麼婚姻會變成這樣。

呂律師聊天室

照顧自己也是一種優先的選擇

伴侶或配偶出現抑鬱的情況，其實很常見。基本上，這種情形就像身體受傷或是有缺陷一樣，心理也會受傷，輕微的，可能是心理上的感冒；嚴重的，可能是心理上的肺炎。但是，結論都一樣，不可能跟對方說「想開一點，沒事的，你就是想太多」，對方就會豁然開朗。這時候，如果不得其法，可能會懷疑對方有外遇、精神病、無病呻吟等等，特別是當嘗試過種種方法，他還是無法「振作」，就會開始憤怒或是挫折，而對於另一半更不耐煩，甚至想要放棄婚姻。

當然，放棄這段婚姻是一種方法，因為長期陪伴生病的人，是一件非常傷神的事情，這與照顧孩子不一樣，孩子會越來越成熟，但是大人卻不見得會越來越好。這種事，跟感情一樣，投資從來就不見得會有回報。因此，選擇放棄是一條路，如果能夠真正做到斷、捨、離，放棄也是需要勇氣的。當決定要放棄以後，可能必須把未成年子女的監護權與兩個人在婚姻關係存續間累積的資產妥善分配。不過，通常有身心狀況的人，對於這些「身外之物」都不會在意，都已經覺得在地獄裡了，這些財物又有什麼意義呢？所以，要結束這段婚姻並不難，難的是，真正下定決心要離開這個人，畢竟時間有了、感情有了，對方這樣的情況，也不是他自己願意的，跟抗壓性不高一點關係也沒有。事實上，許多人就是因為抗壓性太高，才會發生這些問題。

那麼，如果我們決定不離開，而是嘗試要與伴侶的抑鬱相處，可以怎麼做？畢竟與伴侶的情緒共處，不是一件容易的事。伴侶不同的症狀、伴侶本身的個性、家裡目前的氣氛、現實層面的壓力、平日的夫妻關係等等，都會影響到伴侶的努力結果。不過，有幾個大原則可以遵循：

首先，不要給任何建議。很多讓自己更好的方法，他並不是不知道，只是做不到。給建議，反而像是告訴對方，「別人都可以，為什麼你不行」。這種讓對方聽起來帶有批判性的言語，不會是建議，而是負面的攻擊。事實上，多數伴侶在這時候，寧願對方只要陪伴在身邊就好，至少這代表他不是被拋棄的那個人。

此外，不要想要幫他解決問題，甚至想要為他承擔痛苦，或者把配偶發生這個問題的責任歸咎在自己身上，因此太過用力地想要照顧對方。畢竟對方也不會想要把自己的心情完全透露，困在這種虛幻的情境中，一心只想要將心比心，那是很無謂的，只會讓自己也跟著下地獄而已。只要記得傳達「不論多痛苦，都會在伴侶身邊陪伴」的心意，當伴侶能感受到信任，就可以了。這種做法，其實就是不斷傳達：「你的人生並非毫無意義，這一點我可以向你證明。即使是現在這種情況，你對我來說，還是不能取代的存在。」

因此，不要試著用憐憫的眼光去看他、同情他，而是嘗試以同理的方式去詢問他，想不想被我們陪伴、需要什麼樣的陪伴，而不是自作主張地覺得自己有資格、有能力陪伴。其次，要衡量自己有多少時間可以陪伴，以什麼樣的方式陪伴，而不是隨意給承諾，例如「我會一直陪伴在你身邊」這種話，而其他不適當的話，更不應該說。要病人想開一點，就像是要斷腿的人跑步一樣，他不是不想做，而是做不到，這些話只會加深他自責、內縮的狀況。所謂的陪伴，並不是說話，多數時候，沉默是正常的，不要急著想講些什麼。況且，這樣的陪伴，其實很辛苦，也不見得會有成效，挫折是一定的。如果真的累了，自己也得要找出口，如果有朋友能陪伴自己，那是更好。

抑鬱或憂鬱，確實是婚姻殺手，因為很容易讓對方認為是情緒勒索，但是病人其實根本沒有勒索的意思，反而想要逃離這樣的環境，還比較輕鬆。婚姻夠難了，能陪伴、能鼓勵伴侶治療，那是好事，婚姻也能繼續維持下去。不然，逃避其實不可恥，也很有用，照顧自己也是一種優先的選擇。

叫誰寶貝？

餐桌上，她幾次欲言又止，先生則是快速地把晚餐吃完，立刻就到客廳，繼續看他的手機訊息。

她的手在發抖，因為這是她第一次偷看先生的手機訊息。那一夜，她聽到先生在電話裡，對著另一個人甜言蜜語，她就知道，這樣的婚姻已經岌岌可危了。結婚三十年來，她從來沒看過先生的手機，只因為信任。但如今，這樣的信任已經瓦解，她想要看看，到底他們兩個人交往多久、感情多深，為什麼對方有這個資格讓她的先生叫「寶貝」。

先生的手機當然有密碼，不過，她知道先生不太喜歡在這種方面傷腦筋，密碼應該就是他的生日之類的，果然沒錯，在她輸入先生的生日日期後，手機螢幕打開。她仔細地搜尋LINE的內容，一則一則的訊息，讓她幾乎喘不過氣來。原來先生跟她已經交往了三年，她是孩子原來的鋼琴老師，年紀跟她差不多，先生到底是看上她哪一點？氣質好？她要是結婚以後，不要甘心在家當黃臉婆，她現在會這麼悲慘嗎？三十年的光陰，她跟第三者，氣質外貌當然有差距，可是也不想想，這個差距是怎麼來的？

三十年前，她就跟這個男人結婚。婚前，男人就要她把工作辭掉，專心操持家務。雖然這個男人不是很有錢，但是看在他一片誠心的分上，她願意同甘共苦，薪水不多，但足以養家，兩個孩子也受到不錯的教育、找到不錯的工作。可惜的是，他們始終沒有買房子，經費有限、臺北的房價又高，也只能「暫時」租房子，可是這樣的「暫時」，就是三十年。他們每年一家四口可以出國，孩子的補習、才藝費沒有遲繳過，只是，就沒辦法存錢、也沒有不動產。她對自己很節省，從不花錢在打扮自己身上，在生完孩子後，對於照顧自己的體態也沒什麼興趣，畢竟生活是實際的，何必要花這些沒必要的錢？孩子成年後，她曾經想要找工作，但是只有短暫地在便利商店做過收銀，後來先生抱怨她不能準時做晚餐，她也就默默地辭掉工作。

可是，她現在卻面臨了這麼大的考驗，她為了家付出了青春、人生，難道就這麼結束了？她對於這樣的情況，當然不能接受，於是她在第二天晚餐以後，決定跟先生攤牌，想要知道這個家應該往哪裡走？她快速地翻完這些訊息，而且用自己的手機錄影，若無其事地回到廚房裡。先生洗澡完，只問了「怎麼晚餐還沒好」，接著繼續滿臉笑容回覆訊息，她想，大概那個狐狸精又在勾引他了。她強作鎮定地做完晚餐，掩蓋自己激動的情緒，與先生坐在餐桌前吃飯。餐桌上，她幾次欲言又止，先生則是快速地把晚餐吃完，立刻就到客廳，繼續看他的手機訊息。她壓抑憤怒的心情，把碗洗完，坐到先生的對面，準備跟他攤牌。

「你跟那個女人多久了？」她問。

「什麼？」男人故意裝傻。「我不知道你在說什麼？哪個女人？」

「你女兒高中的鋼琴家教老師。我都知道了，訊息也在我的手機裡了。」她說。

男人突然臉色大變，用著從來沒有過的音量對著她吼叫：「你就是這種女人！你知道這是妨害祕密嗎？這是犯法的！你怎麼可以這麼對我！」

「我問過律師了，這不犯法，因為不符合『無故』的構成要件。」她講得很生硬，事實上，這是她從網路上看到的。「你打算往後怎麼辦？你可以跟她分手嗎？」

「什麼分手？我告訴你，我打算跟你離婚。如果你不同意，我明天就搬出去，到時候過兩年，法院一樣會判我們離婚。我沒有財產，也沒有不動產，到時候，你什麼都沒有！」先生說了狠話。

她聽到這段話，差點沒昏倒，為了這個女人？憑什麼，她三十年來的幸福，就這麼沒了？她針鋒相對地跟他說：「我要告你們侵害配偶權！」

「要告去告！反正我不愛你了，我們離婚，這是唯一的解決方法。」先生漲紅了臉，站起身來往房間走去。

她被先生的態度嚇到了，兀自在客廳裡發呆。她在想，為了這個家，她犧牲了三十年，如果離婚，她該怎麼辦？現在的時機這麼不好，還能找到什麼工作？沒有工作，他也沒有多餘的錢可以給她當作贍養費，如果他真的搬走，也不給她生活費，就算不離婚，她又有什麼保障？

房間裡燈火通明，她先生乾脆用電話直接跟對方聊起天來，而她，直到深夜，還呆坐在客廳裡，不知道該怎麼辦。

呂律師聊天室

離婚前，該擁有的心理與物質素質

有些人，有了錢以後開始有外遇；但更多人，是死了都要愛、沒錢也外遇。特別是在熟齡以後，這種症狀特別明顯。而且，說也奇怪，這種情形通常都意志堅定，人家是不離不棄，他是不離不行。

中年以後，有些年輕的時候沒出現的問題會突然出現，例如「黃昏之戀」。即使沒有「暈船」過的人，在這時候如果遇到「真愛」，「愛」的程度可以說經常是奮不顧身，連原來幾十年的家庭、伴侶，都可以棄之不顧。發生這種情形的原因有很多，每個人的背後考量也不一樣，但是當發生之後，多數外遇的一方會選擇義無反顧地與家庭決裂，並且要求離婚，這時候，就會出現所謂的「麥迪遜之橋症候群」。

這座無可奈何橋能不能「解決」，要看「解決」的定義是什麼。解決，可以是離婚，可以是復合，但為什麼離婚的可能性高？因為當中年以後，孩子已經成年，對於背叛婚姻者而言，責任已了，該是追求自己「幸福」的時候。既然現在的配偶，也只是功能性考量而已，因此當配偶的功能不再，又是熟年正青春，就應該去追求幸福的模樣了。這種情況，有時候是對象的年齡比伴侶小，我們稱之為「抓住青春的尾巴」；有時候年紀相當，我們稱之為「找到真正的愛情」。但是，所謂的解決，確實復合的可能性都偏低，而是一方堅決要求離婚，不會顧慮家庭成員的溫馨喊話、世俗社會的殘酷眼光。

那麼，如果堅決要求離婚的人有點積蓄，這時候被要求離婚的人，當然可以要他付出應有的代價，誠如「急著離婚的人，就要付出較高的代價」，以及「沒有離不成的婚，只有付不起的代價」，事實上，在婚姻裡，只要有一方不願意繼續，即使婚姻還存在，也會是名存實亡。因此，通常我會建議被離婚的一方，盡量要求下半輩子的物質保障；而想離婚的一方，盡量給予能給的物質補償。而我最討厭聽到的，則是「原來你也只是要錢而已」這句話，講難聽點，人都沒了，不要錢，難道要命嗎？所以，當背叛者有點錢，其實在可以保障下半輩子生活無慮的前提下，是可以考慮離婚，而不需要去考慮愛情的，畢竟兩個人究竟還有沒有愛情，還是只剩下習慣，還是難以論斷的。

但是，最擔心的問題就是，對方外遇、堅決要求離婚，但是沒錢。其實，這是熟年離婚時，最麻煩的議題，因為不答應離婚，對自己並沒有好處；可是答應離婚，什麼都拿不到。這時候，就得回過頭來省思，離婚前，究竟要準備什麼樣的心理與物質素質，才能勇敢地邁出這一步？

最好的方式，當然是自己有工作，從結婚以後就有謀生能力，而且從未間斷。可是許多的家務工作管理者，從婚後就未曾在外找過工作，能力與年紀，可能都已經無法在職場上找到合適的職位養活自己。因此，如果可以選擇，在結婚後、離婚前，請務必讓自己的工作技能逐步回復到一般人的水準，至少在離婚後，不至於看對方臉色。如果在短時間內無法順利找到工作，那麼會建議先不要同意離婚，而是向對方請求扶養費，或是家庭生活費用。如果對方不願意給付，就到法院提告。根據民法規定，夫妻有相互扶養的義務，而且也有根據所得，給付家庭生活費用的義務，一旦對方不願意給付，就可以由法院判決，要求對方付錢，如果遲延給付，還能主張強制執行，扣他的薪水帳戶。

當提出訴訟以後，法院會安排調解，對方應該有可能會提出離婚的訴求，這時候就可以逼迫對方，拿出一定的數字來離婚。另外，如果對方外遇，也可以提出侵害配偶權的主張，雖然一般金額不高，如果不是發生性行為，一般約在二十萬上下，但是可以對於外遇者有一定程度的壓力，也有助於離婚談判。簡單來說，婚後就可以培養自己的工作能力，那是最好；如果不能，至少不要輕易答應對方的離婚訴求，畢竟法院在原告沒有理由的情況下，也不是那麼簡單就會判決離婚的。

「不被愛的，才是第三者」，這句話在民法裡並不適用，第三者永遠是第三者。然而，一旦婚姻無以為繼，要考量的第一件事，永遠是物質議題，而不是「我還愛你、你不愛我」這種小孩子思考的問題。所以，有些人找我幫忙，是希望對方回頭。我是做不到的，因為這不是找律師解決的問題，這得要找法師才能處理。

欸，有一批和合符很純，法師剛畫好的，結緣價八萬一，要嗎？

另一種生活

這個套房不大，但至少是她完整的地盤，也有個小廚房，可以做點她自己喜歡的餐點。她還是繼續在公司上班，但是據同事說，她的氣色完全不一樣。

剛離婚的時候，還真的有點不習慣，這種感覺很難形容，大概就像是已經被禁錮很久的小鳥，不知道如何飛翔。離婚前的生活，她的作息大約是這樣的，一大早先處理早餐給先生，接著急忙出門到公司上班，中午休息時間，她得去公司附近的超市採買，準備晚餐與第二天的早餐食材。在孩子還沒成年之前，她還得要照顧他們的生活起居，還好現在他們已經自己在外面租房子，這部分就不勞她繼續費心。下班以後，她得要婉拒同事的任何邀約，因為先生沒有應酬，她得準時回家，如果有應酬，但發現她不在家，一樣會唸。回家以後，立刻就要準備晚餐，接著先生回家，飯桌上沒有太多交談，結束後，她得要洗碗，接著各看各的電視，回到各自的床上睡覺。她不能太晚睡，不然一樣會被先生數落，為什麼這麼晚還不睡覺？

人生苦短，這麼早睡？更何況，她覺得只有先生睡覺以後，才是她的時間。不知道為什麼，明明兩個人已經很少交談，她還是會覺得，這個人睡了以後，才是她的時間。他們沒有彼此家暴、沒有各懷鬼胎、沒有外遇出軌，就是很平淡地過生活。可是在她心裡，早就已經決定，要在六十歲生日這一天，跟他提出離婚。為什麼？她其實不是很確定，畢竟沒有誰對誰錯，大概就是想要過另一種生活而已。她鼓起勇氣，在先生忘記了她生日的這一天，平淡地對他說，想要分居一陣子，先生聽到這些話，起初不可置信，後來堅持了一陣子，他們最後也在孩子的鼓勵下，決定離婚。先生把協議書給了兩個孩子簽名，然後再讓她簽署文件，去戶政事務所登記。

她搬出了原來的家，在離婚時，她跟先生談好剩餘財產分配，由他繼續住在原來的房子，但是計算房子的淨值以後，她取得了一半，她以這一半的錢付頭期款，另外又買了一間小套房，至少還有地方可以住。這個套房不大，但至少是她完整的地盤，也有個小廚房，可以做點她自己喜歡的餐點。她還是繼續在公司上班，但是據同事說，她的氣色完全不一樣。以往要急忙回家的焦急神情都不見了，取而代之的是悠閒，她可以跟同事去逛街、喝咖啡，不論多晚，再也不會有人告訴她，應該幾點回家。她在星期六，安排了重訓，由教練帶著幾個朋友一起鍛鍊肌肉，畢竟中年以後，肌肉一直在流失，她得預先考慮自己的身體狀況，否則未來可能連坐馬桶都沒辦法站起來。星期天下午有讀書會，她可以在早上讀完書以後，跟幾個朋友一起討論內容。

兒子最近結婚，也有了孩子。兒子與媳婦商量以後，希望她可以退休，幫忙帶孩子。但是她婉轉地拒絕了，因為對她而言，她對於下一代的責任已了，往後的兒孫生活，他們得要自己照顧。她只會偶爾跟他們約時間見面，在外面吃飯、看看孫子，就直接回家，因為她害怕那種過去跟婆婆相處的日子，在她與媳婦身上重演。以前的她，在婆婆還沒過世之前，她們的關係就一直不是很理想，倒不是婆婆跟她之間有什麼芥蒂，而是住在一起，就容易有衝突。身為媳婦，先生要她多忍讓也就沒事，現在她自己是婆婆，可不想要讓這樣的事情發生在她自己身上，她相信，關於婆媳關係，距離是美感的來源。

不過，前夫最近一直希望她回去，這大概是她覺得美中不足的地方。畢竟這樣的生活，她已經過了三年，她實在不願意再回去原來的地方。她婉拒了幾次他的邀約，希望他們可以當孩子的父母就好，事實上，如果孩子有聚會，也都會邀請他們一起參加。前夫在得知她的反應以後，有些失望，沒多說什麼，只告訴她，那麼，他會去法院訴請他們要重新在一起。她心想，當年離婚都已經到戶政事務所登記了，怎麼可能無效？然而，就在一個多月後，她收到了法院的調解通知，斗大的開庭事由上，她看到了「離婚無效」四個字。原來，前夫主張，當年簽字離婚時，孩子不在現場，而且沒有跟媽媽確認過離婚的意思。她不可置信地看著這張調解通知，她不想回去過去的生活，她該怎麼辦？

呂律師聊天室

離婚時該注意的離婚協議書

許多已婚女性，在熟年以後，會突然向先生提出離婚的要求。對於先生可謂晴天霹靂，因為對他而言，幾十年的婚姻，老實拿錢回家、養活一家老小、沒有外遇出軌、沒有家庭暴力，為什麼太太會突然提出離婚的訴求？難道是太太有外遇？可是，左思右想，也看不出來太太究竟有什麼問題。而且，當太太提出離婚的時候，往往態度堅決、口氣溫和，跟以往的樣子完全不同，讓他幾乎無法招架。拖著不離婚，太太索性分居，他拿這段婚姻，似乎一點辦法也沒有。

感情的事情，原本就沒辦法。即便我們談的是婚姻，其實仍然是一樣的。婚姻對於某些女性有意義，是在於生兒育女的過程中，他們把這件事情當作責任要完成。也有些女性會認為，婚姻大概就是這樣，先生沒什麼好挑剔的，但就是心裡有股念頭，執著於想過自己的生活。或者是，某些女性認為，時間到了，一段沒有感情的婚姻，似乎沒有維繫下去的必要，於是在某個時間、某個地點，醞釀已久的離婚念頭就這麼出現了。要說沒道理，事實上就是老夫老妻在婚姻的認知上不必然相同。或者是，女性如果長期以來在婚姻扮演的角色就是犧牲奉獻，而男人卻不自知，那麼即使無病無痛，也有可能會出現危機。這種說法就是：「你不知道我為了這個家，究竟犧牲多少。」

許多時候，並不是男人不知道，而是在傳統的父權結構下，覺得這些事情，不就是理所當然嗎？太太是家務管理者，家事當然由她做，自己有洗碗，就是新好男人，因為這叫做「幫忙做家事」。即便太太在外有工作，其實有薪水作家用的一部分，有些先生也會覺得，那不是「事業」，那就是一種兼差，女人，還是要以家庭為重。那麼，時間久了，當然會出現問題，因為溝通的管道阻塞了，當女人不見得要這個生活模式已經「趨近於礦物」的先生，而孩子的責任已了，或許是他們已經成年，她就會傾向想要過自己的人生。不要有另一半管她、不要有所謂的家庭責任，更可以好好地寵愛自己，過點自己想要的生活。

想想也沒錯。如果在婚姻中，她得趕著下班做菜、趕著侍奉老爺、趕著上班工作、趕著回家待命，在人生的下半場，她難道不能選擇一個人好好過？繼續留在原來的家，兩個人四目相望，還能有什麼火花？讓自己被禁錮的靈魂釋放，是很多想要熟年離婚的女性最主要的原因。在父權社會結構逐漸瓦解，女性自主意識逐漸滲透到不同年齡層時，熟年女性只要有勇氣，當然更容易選擇自己的人生。就這點來說，男性確實不該覺得有恃無恐，沒有感情的婚姻，對於已經成熟的女人來說，覺得可有可無，那麼選擇「無」的機會就會高。

不過，離婚的時候，確實要注意離婚協議書的問題。即使不用到戶政事務所，離婚還是需要兩名證人「親見親聞」，並且在離婚協議書上親自簽名。即便證人不在現場，也必須要與兩名當事人聯繫，確認離婚真意，在法律上才能認定離婚有效。過去最常見的問題，大概就是一方把協議書丟給證人簽字，但是證人卻未與另一方確認，這會導致未來如果任何一方反悔，都可以到法院訴請離婚無效，回復夫妻關係。不過，有這種情況的前夫妻，也不需要過於緊張，一般而言，沒人喜歡翻舊帳，特別是自己已經有了新生活。一般提告離婚無效的前夫或前妻，都是因為想要更改原來的協議書上，未成年子女監護權約定或是重新訂定財產分配。真的想要再續前緣，縱然是離婚無效，只要有一方重新再提一次離婚，法院通常傾向於同意離婚，畢竟兩個人都已經「曾分道揚鑣」，再次相聚的機會並不高，會以破綻主義的方式同意兩人離婚。

每個愛情都危險，特別是壓抑自我的愛情，不論是不是在婚姻裡都一樣，只是如果有婚姻，責任結束後，有人確實會因為沒有感情而離婚。或許，這就是婚姻需要經營的意思，抑或是，許多人其實最適合單身，根本不適合結婚，只是「矯正」了當年的錯誤而已。

同居分手

他突然告訴她，他喜歡上了別的女生。

他發現，其實他還是希望要有孩子，可是她不要，

所以他希望兩個人可以和平分手。

他們已經同居十五年、交往二十年，她爸媽知道同居這件事，剛開始是不贊成的，尤其是爸爸非常生氣，他覺得，同居卻不結婚，像什麼樣子！男友對於這種情況，覺得很尷尬，因為並不是他不願意結婚，而是她抵死不從，真要結婚，她寧願分手。在她的堅持下，爸爸也沒辦法說什麼，畢竟是自己女兒不願意結婚。每年家族聚會，男友都會跟她一起回去，爸爸雖然把這個男人當作自己女婿，但就是沒結婚，爸爸還是會每年講，催促他們去登記結婚、生小孩，只是過了四十五歲，爸爸也不再這麼堅持。只希望他們好好過日子，互相照顧也就是。

為什麼？不為什麼。她只是覺得婚姻制度裡的潛規則太多，她不想要小孩，男友也沒有想要的意思。兩個人一起經營公司，有正當收入與工作，即使分開也可以養活自己。現在的房子雖然登記在他名下，但貸款是兩個人共同負責。結婚，到底要做什麼？不結婚，至少很多民俗上的規矩她不用遵守，比方說照顧婆婆、過年的時候到他家守歲、清明要幫忙祭祖等等。不結婚，她還可以保有自己的主體性，至少不用跟著所謂的「媳婦就是應該如何」的生存指引過活。她愛他，但是不必然要有婚姻。雖然她沒問過男友，但她知道，他們的想法應該是一樣的。

但是，該來的還是來了，他突然告訴她，他喜歡上了別的女生。他發現，其實他還是希望有孩子，可是她不要，所以他希望兩個人可以和平分手。

她聽到男友這麼說，其實是訝異的，因為她以為兩個人早就已經溝通好。可是，畢竟是二十年的感情，她非常捨不得，她問了他，這個女生，跟他交往多久了。起初，他不願意談，後來才告訴她，其實已經有三個月，重點是，這個女生已經懷孕。她聽到這些話，情緒從原本的難過轉為憤怒，幾乎不能相信這個跟她在一起二十年的男人，竟然會背叛她。可是，她能怎麼辦？如果兩個人有婚姻，至少她還能提出侵害配偶權的損害賠償訴訟，也可不同意離婚，但是現在，他們之間並沒有任何法律上的保障，她還能做些什麼？不過，她轉念一想，這不就是她原本的選擇，就算有婚姻而不離婚，他們的感情還會在嗎？想到她往後在不離婚的狀態下，必須跟那個男人繼續住在同一個屋簷下，她就完全不能接受。

可是，接下來的問題讓她非常頭痛，因為兩個人之間的財務錯綜複雜，一點也不亞於離婚。他們一起經營一間公司，股份各半，未來一旦分開，公司的經營權該怎麼辦？況且，他們之間的貸款，也各自是保證人，應該如何切割？最大的問題，讓她頭皮發麻，現在他們居住的房子，是登記在他名下，可是貸款兩個人都有負擔，她要如何保障自己的權利？如果是夫妻離婚，至少還有剩餘財產分配的可能，但是現在兩個人要分手，財產應該就是他的了。年過半百，結果一無所有，連感情都沒了，這是她要的嗎？

她冷靜下來以後，決定跟他好好談。他承諾會把公司股份買下來，而且給她一筆錢；貸款保證人的部分，他會去找其他人幫忙，當然，相對的，她也得要找朋友來處理她保證的部分。但是，房子，他怎樣都不答應要分，因為他覺得，縱然女生有付一點貸款，大多數的貸款都是他付的。這一點讓她非常生氣，姑且不論現在的房價跟買的時候根本不一樣，貸款，怎麼會大部分都是他付的？明明這幾年她都有支付，而且是從薪水裡扣除。然而，他冷冷地說，從薪水裡扣除？就是公司付的錢，可是，公司是他的，業務是他、經營是他，女生不就是掛名股東而已，有給她一筆錢補貼了，她還想要怎樣。

最後，她突然發現，二十年來的感情，原來在風雲變色的時候，只有錢能談，而談錢的時候，那二十年的感情，根本就只能在金錢面前卑躬屈膝。婚姻制度，究竟代表什麼意義呢？她開始懷疑，以前的認知，或許只是她自以為是。婚姻裡，沒有感情，還能談錢；但是同居，連錢都沒有，還能談什麼？

呂律師聊天室

給決定同居不婚的人一些提醒

婚姻制度究竟有沒有意義，對不同的人來說，大概都不一樣。可是，婚姻制度既然存在於人類社會中，也屬於一種身分契約，有些基本的約束還是重要的。純粹就法律來說，兩人一旦同意進入婚姻制度，忠誠義務是最基本的。另外，就生兒育女而言，雙方都可以為未成年子女決定重要事項，不過在扶養義務上就沒有差異，就算是沒有婚姻，只要有孩子，就有扶養義務。最後則是財產，兩個人的財產在婚姻結束時，會有剩餘財產分配的計算，無論登記在誰名下，都會有取回或給予對方財產的議題。

先來談夫妻間忠誠義務，所謂的「忠誠」，也就是任一方都不能與配偶以外的第三人談情說愛，乃至於實質上的人與人之間的肉體連結，牽手、接吻、擁抱、性行為，都在禁止之列。然而，如果違反了，也不會觸犯刑法。過去臺灣仍有通姦罪的存在，判得不重，往往可以易科罰金，而在大法官會議宣布違憲後，通姦罪已經不存在。當一方違反忠誠義務，只有民事求償的可能，而損害賠償的金額並不高，依情節輕重，大概也只是從幾萬到幾十萬而已。最重要的是，其實不論婚姻中或只是同居，當一方因為第三人要離開，其實以法律的觀點來看，差異只有婚姻還在不在而已，感情都已經名存實亡。因此，同居大概就是不能提告侵害配偶權，而且不能「卡住」對方離開這段關係，其餘的部分大致差異不大。

如果有孩子，就必須視孩子有沒有認領而定。畢竟婚姻中生下小孩，就有受到推定婚生子女的「優惠」，婚姻中的先生，一律推定就是生父。可是，同居中的關係，母親生下孩子，父親必須認領，才可被推定為婚生子女；如果沒有認領，孩子與同居人並無法律上的關係；認領以後，孩子就有生父，而且是共同行使親權，也就是我們俗稱的共同監護。未來兩個人如果決定要結束這段同居關係，監護權可以保持原狀，也可以交由一方行使，如果無法談妥，就由法院決定，這與離婚的差異也不大。

但是財產部分，殺傷力就很高。兩個人同居，財務狀況最好要保有各自的獨立空間，而不是混雜在一起。當兩個人的財務狀況，因為當時的感情因素，因此覺得如膠似漆也無妨，等到離婚時，要面對的財務糾葛就會相當複雜。第一種情況是貸款的相互保證，或是有借給對方一筆錢；後者還好處理，就是把借款講清楚如何償還就好，如果一方耍賴，就是蒐集證據以後提告。但是相互保證，那麼就得要經過銀行同意有新的保證人出現，才會把原來的保證地位取消，這將是相當大的工程，因此如果沒有結婚，卻要相互作保，在未來分手時，可能要列為優先與銀行協商的部分，更不用說，如果兩個人一起經營事業，究竟要誰退出、誰主導，恐怕就會有得吵。在沒有婚姻關係的保障下，恐怕就會是進法院的重要導火線。

如果雙方有購買不動產，那又會是另一個重要的爭議。如果登記名義人是共同，或是持有一人一半。共同持有或一人一半的問題比較小，就算是金額無法協商，也就是請法院處理共有物分割，由一方行使優先承買權，或是讓第三人購買，雙方各取得相當金額就可以。可是，如果登記在一方，另一方想要行使類似夫妻的剩餘財產分配請求，把另一半分過來，在法律上就會有滯窒難行的情況出現，畢竟兩人沒有法定身分，如何請求法定上的權利？這部分的處理方式，過去都是由請求權人蒐集過去支付貸款的轉帳過程或是給付單據，或許有拿回部分金額的可能性，否則在所有權登記在對方名義的情況下，要取回公道，大概只能問蒼天而已，法院是無法作主的。

因此，要不要同居而不結婚，只能說選擇的角度不同，就會有不一樣的結果。但無論如何，如果真選擇只同居而不結婚，最重要的財務問題一定要講清楚，也就是說，如果不能做到無怨無悔，那麼就是在所有的貸款、投資、保證、保險、購買不動產的時候，都得要想到如果分手的時候該怎麼分。最好能有契約約定兩個人的分配比例，否則，當兩個人分手之時，不僅感情會很痛，荷包也會受傷。

我單身，我驕傲

我現在單身，過得很愉快，也有固定的經濟基礎與收入，實在沒必要去照顧別人的媽。其實您的需求很簡單，不用找一個女人來幫你，只要有看護就可以了。

她看起來一點也不像五十歲，因為她從意識到自己應該會獨自到晚年開始，就很認真地照顧自己的健康，無論是運動、飲食，都節制有度，所以外人都以為，她大概就是接近四十歲而已。即便如此，在五十歲的生日那天，她終於暗自開心，自己不再玻璃心，可以直接跟那些親戚朋友說：「我對婚姻沒興趣，不要再幫我找對象相親了。」即使在半年前，她還是經歷了最後一場、最痛苦的相親過程。這場所謂的「相親」，她不想去，但是媽媽一定要她去，據說這個人雖然離過婚，但是收入頗高，而且品行良好、不菸不酒，應該是很好的對象。在諸多親戚勸說下，她還是決定再去一次相親。他們約在高級酒店裡的鐵板燒餐廳見面，對方帶了媽媽一起來。三個人就這麼尷尬地坐在料理檯前聊天。

「您的工作是在餐廳當副理？」男人問。

「是的。大學畢業以後我就在餐飲業服務。」她覺得自己好像在面試一樣。

「這個工作不會很複雜嗎？例如要應酬之類的？」男人追問。

「複雜？應該說必須要處理很多的突發狀況，應酬確實會有，如果要賣貴賓卡或是餐券，有些客人還是會要求我們陪他們吃飯聊天，後來也都會變成滿好的朋友。」

「可是，這樣不就是變成在賣笑賺錢嗎？這樣的工作是不是太複雜了？」媽媽在這時候，不以為然地插嘴。

這是她遇到的第一個難題。好，深呼吸，可以度過的。

「很多的工作都是在賣笑賺錢啊！」她微笑著說。「至於複雜，工作應該沒有不複雜的。」

男人沒有多說什麼，低頭喝了一口湯。倒是媽媽聽到這個「未來的媳婦」這麼「頂撞」她，應該有些不習慣。

「你呢？你的工作是什麼？」她為了打破尷尬的氣氛，提問了這個問題。

「我在生技公司擔任總經理。」男人驕傲地說。「我在國外取得生物科技博士以後，一路從研發到業務，最近因為疫苗研發的原因，公司派我來臺灣工作，擔任總公司的臺灣區總經理。」

「嗯，聽起來很厲害。」她說。「這麼傑出的男生，為什麼會想要來相親呢？」

「其實我在國外曾經有一段婚姻，但是後來離婚了。孩子都已經大了，我本來不想再婚，但是媽媽跟我說，要我找個伴來照顧我，這樣至少她走了以後，不會有遺憾。」男人說，言談間不無感傷。

「可是，你可以找看護啊！」她聽到「照顧我」這三個字，其實已經決定終止這場相親，但她還是想要跟他開點玩笑，看他會怎麼回答。

「怎麼可以找看護？」媽媽又插嘴了。「看護，跟老婆怎麼會一樣。」

男人沒有說話，但是她隱約看到他點點頭。

「那麼，你對於未來的婚姻有什麼憧憬與想像呢？」既然已經決定終止這場相親，她的問題就開始更直接了。

「我？我其實沒有多想什麼。等這場疫情結束，我應該會回到美國定居，你可以跟我一起去。到了美國，我們有房子，你不用工作，我可以養你，但是我希望你可以照顧我跟我媽。你的外語能力不行也沒關係，我媽的生活圈大概都是老人家居多，都是講普通話就可以了。」

「普通話、普通話，普通你媽啦！」她的心裡泛起了不爽的念頭。在聽完這些話以後，原本還希望把飯吃完的念頭已經熄滅。她禮貌地跟這位先生說：「坦白說，跟您一樣，我是因為媽媽的要求才來相親。但是，我現在單身，過得很愉快，也有固定的經濟基礎與收入，實在沒必要去照顧別人的媽。其實你的需求很簡單，不用找一個女人來幫你，只要有看護就可以了。你的太太，不是你的看護，其實真的不用這樣大費周章來相親的。我還有事，可能要先離開了。」說完，她站起身來，把她的餐點費用放在桌上，禮貌地向他們點頭致意，然後轉身離去。

「你這個女孩子，怎麼這麼沒家教！」媽媽有些不開心。

「都五十歲了，靠的不是家教，是自己的教養問題。您的兒子，到了五十幾歲還要藉由相親來找看護，這才是問題吧！」她轉過身去，對著媽媽說。

「你老了誰照顧你？」只聽到這個男人最後問了這句話。

呂律師聊天室

單身可能要面對的法律議題

單身，從來就是選擇而已，不是非得如何才叫做人生圓滿。畢竟許多人，對於伴侶的看法就是可有可無，或者對於婚姻，乃至於親密關係不願意接受。事實上，單身不見得是一種隨時可以開始的選擇（畢竟如果在婚姻狀態下，回復單身並不容易），但卻是一種隨時可以結束的狀態。不論是決定終身單身，或是暫時性的單身，都得要考慮某些議題，否則在年老時面對的困難或許會比有伴侶者要多上不少。

單身，首先不是個人的議題，而是這個社會的不友善。由於少子化的原因，許多人會把這個議題連結到單身，認為都是因為單身的人太多，才會導致大家都不生小孩。這種粗糙的推論當然不值一哂，畢竟不是結婚才能生小孩，單身也可以。可是，當這樣的言論充斥社會，加上對兩人世界的美好想像，以及類似〈走在紅毯那一天〉那種歌曲，就會有許多朋友、家人，希望把單身的人「推坑」出去，為他們「製造幸福的機會」。換句話說，要能說出「我單身、我驕傲」這幾個字，自己的抗壓性要強，否則會容易被某些情狀壓迫，糊裡糊塗就結束單身，進入一個自己更不喜歡的情況。

當心理做好抗壓的準備，大概就可以開始思考年老以後可能會面對的問題。

個人的心理層次是要不斷地複習。簡單來說，就是「不排斥兩個人，但是要先能跟自己好好相處」的心態要有。所有的伴侶關係，起點都不是為了擺脫現在的不好，而是因為現在很好，兩個人在一起會更好。沒有這樣的心態，就會容易在低潮的時候，莫名地結束單身，但是事實上只是為了逃避而已。因此，在單身的期間，得好好瞭解自己的需求，而且照顧好這些需求。不論是嗜好、興趣、習慣、工作、身體，都要有相當的準備，否則老年以後，面對的課題不會比有婚姻的時候要少。

其次就是物質上的準備。既然單身的狀態會持續，那麼依賴別人的心態絕對不能有。由於退休時，需要用到的錢不少，那麼早年就要開始準備，不論是基金、股票等動產投資，或是不動產租金收入，都得要開始思考，自己需要用到多少錢。雖然說，人生最悲哀的兩件事是「錢用完了，人還沒死；錢還沒用完，人已經死了」，但是既然平衡點很難確定，寧願抓前面，不要選後面。存錢，而不只是把錢花光，以備老年所需，肯定是必要的。

其次，就是生活安排。體能是最重要的，年老以後，肌肉會逐步喪失，嚴重一點甚至會有肌少症，導致老年生活不方便。既然沒人攙扶，我們就得要自立自強，練習重訓，會讓自己的肌肉維持在一定的程度。其他的運動也不可少，維持自己的運動習慣，是非常重要的，這會決定老年的生活品質。接著，固定的喜好也很重要，這些喜好可以維持自己的生活模式不至於在退休後瓦解。畢竟退休以後，就沒有工作，多出來的時間，可沒有含飴弄孫的可能，因此，維持過去上班的模式，讓自己可以固定有些嗜好或外出，是非常重要的。最好可以有幾個朋友，至少往後打麻將可以找到牌搭，如果沒進養老院，跌倒的時候也會有人知道。

法律上來說，日前立法院通過「意定監護」的規定，往後如果擔心自己有阿茲海默症的疑慮，或是會有心神喪失的可能，又沒有親屬可以照顧，那就要找一個自己信任的人，先做好意定監護的約定，到公證人那裡公證後就生效，至少讓自己可以在不能作主的時候，仍然不會被任意決定。最後就是遺囑。現行民法規定，如果被繼承人名下有財產，繼承順位是配偶與直系血親卑親屬（兒女、孫子女等）、父母、兄弟姊妹、祖父母等，一旦這些人都不存在，又沒有遺囑，被繼承人的財產就會沒入國庫。因此，在單身到老之時，可能要自己手寫遺囑，並且把遺囑交給自己最信任的人，由他擔任遺囑執行人，一旦自己過世，至少後事與財產分配，不會讓人操心。遺囑當然也可以公證，效力與自書遺囑相同，但是這些課題都得要預先準備，畢竟年老與死亡，不一定孰先孰後，可能隨時都會到。

這些都準備好，你就可以說，我單身，我驕傲了。

媽媽送我的

媽媽被帶走了以後，她一直希望可以再看看媽媽，
但是哥哥都以「媽媽不想見你」為理由，
擋住她想要看媽媽的念頭。

在媽媽身體還算健康的時候，原本她跟媽媽住在一起。爸爸已經過世，她則是至今單身，因此她們母女倆相依為命。哥哥有時候會回來，但是，都是來向媽媽要生活費居多。媽媽對於這個兒子，有些無可奈何，但是畢竟只有這個兒子，雖然未婚，也算有份正當工作，只是經常缺錢，就拿自己老本出來接濟他。況且，這間房子是自己的，至少不用房租。媽媽老是說，自己過世以後，這房子要給女兒，作為晚年被照顧的回禮。哥哥每次聽到這種話，都不開心地拂袖而去，但她自己沒什麼特別想法，反正她自己也有收入，養活自己也綽綽有餘，不必要這個房子才能過活。

然而，那天晚上，媽媽在看電視的時候，突然暈倒，還好當時她在家，急忙打電話叫救護車。救護車把媽媽送到醫院診斷後，發現媽媽有小中風的情況，所幸在醫院急救後，還是撿回一條命。可是從此之後，媽媽就變得不太愛說話，而且肢體動作也經常有不聽使喚的情況。因此，她的擔子越來越重，因為媽媽開始會無來由地對她發脾氣，而且經常會叫錯她的名字。她好說歹說，送媽媽再去醫院診斷後，發現媽媽竟然已經罹患阿茲海默症。發生這樣的事，她立刻跟哥哥說，哥哥來醫院看過幾次以後，沒多說什麼，只交代她要好好照顧媽媽，然後就走了。

自此以後，哥哥就經常藉故來家裡翻東西，剛開始她並不知道哥哥想要找什麼，在她旁敲側擊以後，才知道哥哥想要找房屋與土地權狀。她問哥哥，這要做什麼？哥哥不耐煩地說，不用她管。後來，她也不知道哥哥有沒有找到，但是他有幾天就沒來家裡了。有天早上，媽媽被哥哥帶出門，直到中午才回來。她問媽媽去哪裡，媽媽也說不出所以然來，但大概的意思是，她被帶去問了一些問題，但是無論如何都講不出來被問了什麼問題。又過了一天，媽媽就被哥哥帶走，這間房子，只剩下她一個人住。

媽媽被帶走了以後，她一直希望可以再看看媽媽，但是哥哥都以「媽媽不想見你」為理由，擋住她想要看媽媽的念頭。她束手無策，只好去找律師幫忙，律師建議她，向法院提出監護宣告的聲請，並且可以由她主張擔任媽媽的監護人。由於思念媽媽，她向法院提出監護宣告，並且請法院去調媽媽的病歷之後，讓媽媽去做精神鑑定。鑑定結果，媽媽已經退化到中度失智，因此法院決定開庭審理，究竟誰適合擔任監護人。

「當然是我適合。」哥哥說。「媽媽現在住我這裡，而且適應得很好。先前就是因為妹妹照顧不好，媽媽才會生病。」

「才不是這樣！之前都是我在照顧媽媽，他對於媽媽的需求，根本不瞭解。」她聽到這段話，急得眼淚都快掉下來。

法官翻閱了社工訪視報告，報告裡並沒有明確地表示，究竟應該由誰監護，只是表示基於媽媽現在已經在哥哥這裡住了一陣子，如果要保持生活穩定，建議不要變動。不過，法官翻閱了地籍謄本，突然發現一件奇怪的事情，於是詢問了哥哥：

「請問關係人，為什麼你在媽媽中風後，帶她去把房子過戶給你？」法官問。

她聽到這個問題，差點沒昏倒，原來哥哥在那天早上帶媽媽出門，就是去辦理印鑑證明，而且早就已經把房子過戶給他自己了。

哥哥被發現這件事情，說話開始有些支支吾吾，只是說，因為媽媽不放心把房子給妹妹，所以直接過給他。然而，法官不客氣地追問：「問題是，這件事發生後，你就把媽媽帶走，隔了一個多月，媽媽就被醫院判斷為中度失智，你確定這沒有問題嗎？」

哥哥沒有正面回答這個問題，只是不斷地重複「這是媽媽要送我的」。

法官嚴肅地對哥哥說：「關於這個移轉不動產的事件，嚴重影響本院的心證。本院認為，你可能有不當移轉媽媽不動產的疑慮，因此我會認定你可能不適任監護人。如果你在本院裁定以前，把房子過戶回媽媽身上，本院會重新考慮酌定監護人的人選，否則，本院將會將監護權交由你妹妹行使，到時候如果她去法院撤銷這次的不動產移轉登記，對你會非常不利，你自己考慮看看。」

她聽到法官的話，熱淚盈眶，久久不能自已。

呂律師聊天室

當家中長輩出現失智問題時……

據醫學統計，現在全世界至少有五千萬人罹患各種涉及痴呆的疾病，平均每三秒鐘就有一個人確診，其中約六至七成都是阿茲海默症。因為這種病與年齡有著直接正相關，隨著全球高齡化加劇，二〇五〇年阿茲海默症患者的數量將大幅成長到一・二五億。臺灣六十五歲以上的老人，每十三人即有一名失智者，而八十歲以上的老人，則每五人即有一名失智者。因此，對於熟年長者來說，阿茲海默症確實是不能忽視的挑戰。

對於家屬而言，當家中長者出現阿茲海默症等讓長輩記憶逐漸退化，乃至於不能視事的情況，如果家屬沒有財產爭議，至少不會出現「照顧長者爭霸戰」，否則，在長者還沒過世之前，覬覦長者財產的晚輩，可能就會開始使用各種手段，將長者的財產過戶，或是爭著要「照顧」長者，試圖從當中取得個人利益。

如果要預防這種情況，最好的方式，就是在長者出現失智前兆，而且開始不能辨別事理時，就為他向法院聲請監護宣告或輔助宣告。為什麼？難道不聲請監護宣告或輔助宣告，會對熟年長者不利嗎？

事實上，如果沒有財產上的想法，一般而言，失智的長者經常會成為晚輩間踢皮球的對象。可是，長輩如果本身有財產，就會成為競相追捧的焦點，原因當然是錢在作祟。在沒有進行監護宣告之前，長輩的精神狀況縱然不佳，所做的法律行為在民法上只是「有爭議」，但不是當然無效，或是得撤銷。因此，就會有「有心人」把長輩接到家裡來，好說歹說拐騙長輩把不動產贈與或處分，動產，例如存摺、印章都交給「有心人」保管。而這名或這些有心人，就能趁著與長輩同住的機會，逐漸地將長輩的財產移轉或花光。因為長輩還有資產，就不能請求晚輩扶養，而是要優先把長輩的錢作為扶養自己使用，因此晚輩就可以名正言順並大方使用長輩的帳戶或是不動產，等到長輩一無所有，再將長輩一腳踢開。

因此，如果要預防這樣的情況發生，當長者出現初期失智的症狀，除了就醫外，應該儘速向法院聲請監護宣告或輔助宣告。所謂的監護宣告，就是將長輩的行為能力降至等同於未滿七歲的無行為能力人，所有法律行為一概無效，必須由監護人代為法律行為。而輔助宣告，則是將長輩的行為能力降至等同於未滿二十歲，七歲以上的限制行為能力人，這時候，長輩的法律行為，除非純粹受法律上利益，否則只要涉及權利義務變更，統統必須要監護人同意，否則效力未定。一旦法院選任監護人後，長輩的財產就可以完全使用在自己身上，而不會有被盜用或侵占的可能，這對於家族的和諧也會有幫助。

監護或輔助宣告的聲請人，可以是自己，也可以是家人。如果是自己聲請，取得輔助宣告的可能性比較高，因為還有能力到法院自己聲請監護宣告，代表心智能力還能有一定程度。但是如果自己已經沒辦法聲請，就可以由家人來處理，法院會依據醫院鑑定結果，給予監護或輔助宣告的裁定，並且同時選任監護人與財產清冊開立人，作為負責與制衡的角色。一般而言，法院審酌監護人的標準，大概就是被監護人的意願、被監護人過去同住的對象、監護人對於被監護人的瞭解，綜合其他兄弟姊妹的想法，最後加上客觀條件評估，來決定究竟由誰擔任監護人較為適當。所謂的客觀條件評估，就是由社工到聲請人或其他關係人的家中訪視，就家裡環境、被監護人對環境的熟悉度等等，做成報告讓法官審酌，如果有進一步的必要，還可以選任程序監理人來代表被監護人發聲，程序監理人所做的訪視次數會比較多，也會比較深入，更可以代理被監護人發言，是相當重要的設計。至於財產清冊開立人，則是類似監察人的角色，當監護人決定財務以後，就由開立人來管理財產清冊，有助於被監護人的財產更加透明化。

監護或輔助宣告，對於被監護人相當重要。如果不想要有財產糾紛，請認真考量當家人發生精神障礙的問題時，向法院提出聲請，對於家族或個人，其實都是一件好事。

我不要家人決定我的生死

一旦她變成漸凍人，從此以後沒辦法表達自己的想法，也無法在生活上自理，她可以委託朋友幫忙嗎？

她從十八歲開始，就已經離開了那個「家」，如果那還能稱上是個家。她真正的內心想法是，自從媽媽在八歲過世以後，那就已經不是她的家，而是那群「陌生人」自己的家，與她無關。

媽媽在她八歲時就自殺身亡，而戶籍謄本上的生父，根本就與她無關，只是因為當時媽媽與這個人有婚姻關係，外遇所生的孩子在法律上受到婚生子女推定的保護，所以直接認定為這個男人的孩子而已。媽媽跟他，還有生下一個小孩，應該算是同母異父的姊姊，可是她從未見過他們，因為媽媽在自殺以前，早就跟他們分居，自己回到娘家居住，外遇就是在這時候發生的。因此，當媽媽自殺，這個男人非常冷漠，把所有後事都交給外公他們處理，不主張分配夫妻的財產、遺產，當然更不願意承接這個小孩。因為不知道生父究竟是誰，外公於是要求舅舅與舅媽收養她，他們就此成為她的養父與養母。

可是，在這個家中，她一點也沒感覺到溫暖。開始的時候，因為正值青春期，她想要藉由反叛的方式吸引他們注意，舅舅與外公，就對她拳打腳踢。外公不屑地說：「跟你媽同一個樣子，就是不受教。現在不打你，以後你也是廢物一個。」她一邊哭，一邊在想，媽媽到底做錯了什麼？可是，沒有人願意告訴她，只是用更嚴苛的方式與標準對待她。於是，從國中開始，她就嘗試自殺，被強制送醫以後，舅舅與外公打得更凶，連阿姨都加入霸凌她的行列。最後，學校老師發現她的狀況，幫她聲請了保護令，她也從此離開這個家，再也沒回去了。

這段時間內，唯一支持她的人，只有她最好的朋友，也就是她的國中同學。那同學在她被家暴的時候，說服了自己的媽媽收留她，並且睡在同一個房間裡。那個家的人，也就讓她住在同學家，直到高職畢業，她才搬出去自己租房子。這些年來，她努力在外工作，也確實攢了一點錢，還買了一個小套房。在生活一切慢慢穩定以後，她跟那名當時幫助她的同學重新聯繫上，在工作之外，他們經常聚在一起，不論是工作上、生活上的困難與喜悅，他們都能彼此分享。甚至逢年過節，例如除夕夜，她也是在同學家度過。他們不是男女朋友，但是卻把對方當作最重要的那個人。在三十歲那一年，他們甚至相約，日後不論有沒有結婚，都會希望對方是見那最後一面的人。

她的事業越來越大，已經開了三家美甲連鎖店，雖然經濟狀況越來越好，但是感情卻始終不穩定。對她好的男人她不喜歡，而喜歡的男人卻只想要她的錢。試過幾段感情，甚至連相親都嘗試過了，最後她只好放棄，專心衝刺事業，反正該來的就會來，她是這樣安慰自己的。不過，還好這個朋友一直都在，他已經結婚生子，但只要她心情不好，這個朋友，永遠都會在她身邊照顧她。對她而言，世界上最親的人，不是所謂的血緣關係上的家人，而是這個朋友，她都已經把遺囑準備好，日後如果死了，所有的遺產都交給他處理。

不過，她最近發現一件可怕的事情，也就是她經常下肢無力而跌倒，而且雙手也沒辦法做太精細的動作，因為腦袋與手總是配合不上。原本她以為，那只是所謂的更年期症狀，不以為意。可是隨著問題越來越常出現，她已經沒辦法做日常工作時，她鼓起勇氣去看了醫生。醫生檢查以後，很遺憾地告訴她，她罹患了肌萎縮性側索硬化症，也就是俗稱的「漸凍人」，會進一步引發呼吸衰竭、吸入性肺炎等併發症。她焦急地問，應該要怎麼治療，但是醫生告訴她，只能透過藥物延緩病情，但是治療，其實還沒有很有效的方法。聽完醫生的話以後，她止不住哭泣，身邊沒有人可以傾聽她現在的恐慌。這時候，她想起了那個朋友。

如果她過世了，當然有遺囑可以解決遺產的問題。但是，一旦她變成漸凍人，從此以後沒辦法表達自己的想法，也無法在生活上自理，她可以委託這個朋友幫忙嗎？她之前有看過新聞，如果退化成無法照顧自己，家人就會聲請監護宣告，而由她的家人來擔任監護人。但是她不願意，可以讓她的朋友擔任監護人嗎？她決定要去問律師，否則，她會無法安眠。

呂律師聊天室

當你生病卻不想被家人管理事務時……

當有人因為精神障礙或其他心智缺陷，導致不能為意思表示或受意思表示，或者不能辨識意思表示之效果，而且這樣的情況暫時不可能恢復。為了保護這種人，民法上，有所謂的「監護宣告」制度。可是，一旦法院做出監護宣告的裁定，就必須要選任監護人。監護人，通常都是由法院在聲請人與關係人當中選擇，監護人選定以後，就可以成為被監護人的法定代理人，管理財產、代為法律行為，對於被監護人的權益影響相當大。如果監護人與被監護人的關係密切，當然沒問題。可是，世事往往不如人意，許多的被監護人，與家人之間的關係疏離，不見得每個被監護人都願意被家人管理事務，更何況，許多意外的發生都是一瞬間，往往還來不及表示被監護的意見，就已經無法說話。因此，立法院增列了所謂「意定監護」的規定，讓有需要的人可以依法進行意定監護的約定，讓自己的意願可以在不能表達時，一樣能透過意定監護的選擇來貫徹。

意定監護的規定，是在二〇一九年五月二十四日於立法院通過，就是讓還沒有失能、失智，意思能力健全的人，預先以契約方式和受任人約定，當自己失能、失智時，自行選擇監護人與被監護人訂定契約，再由公證人進行公證。公證內容大概就是約定，「本人因為受監護宣告時，受任人允為擔任監護人」。當未來真的出現需要監護宣告的情況，就由法院指定這名受任人為自己的監護人。以往成年人的監護宣告程序，都是在成年人喪失意思能力後才啟動，未必符合受監護人的意願。然而，臺灣已經進入高齡化社會，每年家事法院最少收到將近七千件的監護宣告聲請，在這種情況下，立法院通過意定監護的制度，可以讓被監護人擁有更多選擇。

意定監護的重點，大概有下列幾點：首先，賦予意定監護人有聲請人的身分，因為過去只能有親屬、檢察官、社會福利機構等單位可以聲請。如此一來，原本毫無血緣關係的人也可以有資格進行，而且不僅可以事先約定一個人，還可以約定數人，充分保障自己的選擇權。其次，意定監護契約的訂立、變更，必須要符合法定方式，也就是必須由公證人做成公證書才會正式成立，而且在本人受到法院做成監護宣告時，才能發生效力。其三，法院在考量監護宣告的時候，如果已經有意定監護契約，就必須以意定監護契約為準。而其他親屬如果要推翻，就必須要舉證事實，認定受任人不利於本人，或者有顯然不適任的情事，法院才能依職權選定監護人。不過，實務上都會以意定監護契約為準，因為要舉證事實其實相當不容易。

當然，如果意定監護契約簽訂以後，還是可以隨時更改，只是仍然要到公證人處以書面更改，並再次做成公證。如果有兩份意定監護契約，就會以時間晚者為準，前者原則上會失效。或者，如果兩人已經失和，甚至不想再有意定監護人，當事人也可以隨時撤回。如果在監護宣告後，法院也已經依據意定監護選定監護人，就要有正當理由，才能聲請法院許可終止監護人的職務，並且由法院再重新選任監護人。監護人是可以約定報酬的，通常會尊重被監護人與監護人在清醒前的意定監護契約，如果沒有約定，監護人有權利向法院聲請相關的報酬，畢竟照顧與管理被監護人，不會是一件簡單的事情，訂定報酬其實也是應該。只是在這樣的情況下，監護人就不能受讓被監護人的財產，如果要處分不動產，也需要經過法院同意，否則監護人如果藉此機會牟利，對於被監護人當然非常不利。

意定監護，是親屬關係疏離時，或是自己想要特定人選監護，可以約定的重要契約。不過，重點還在於，至少先要有一個信得過的朋友，如果自己真的是邊緣人，恐怕先要處理的課題，不會是法律問題，而會是人生的課題。

孩子的爭執

房子不賣，也不能當飯吃，房價漲跌似乎跟她無關。
她打算把房子留給兩個兒子，
至少以後讓他們還能有點錢創業。

三年前，因為跌倒，她的行動開始不太方便，小兒子為她請了一名外籍勞工，對於年紀已經快八十歲的她來說，伴侶又已經過世，有個能夠照顧她的人，當然很好。畢竟兩個兒子都很忙，雖然她現在與小兒子住在一起，大兒子也不定時來看她，但是上廁所、上床等等都不是很方便，總不能麻煩兩個兒子一直陪伴她。

到目前為止，老伴留給她的錢還夠，也還有一間房子可以住。這間房子，是她跟老伴辛苦存下來的，雖然不大，但是充滿了回憶。在四十年前，房價還低的時候，他就跟老伴把房子買下，貸款早已付清，而房價竟然飆漲好幾倍，這不是她當初預料得到的。不過，房子不賣，也不能當飯吃，房價漲跌似乎跟她無關。她打算把房子留給兩個兒子，至少以後讓他們還能有點錢創業。現在就是用老伴留給她的存款支付外勞的費用，至少不會用到兒子們的錢，增加他們的生活負擔。老大已經成家，有自己的老婆、小孩要照顧；老二雖然還沒成家，但是正在打拚事業，也不好伸手跟他要錢。

她對於現在的生活很習慣，不過，小兒子最近的行為，讓她有點擔心。從上星期開始，小兒子就很晚回家，臉上總是浮現憂心忡忡的表情。問他怎麼了，直說自己沒事，但是以她認識這個孩子四十年的經驗，通常他都是有事，才會說自己很好。電話從來沒斷過，但內容總是以吵架結束，大概就是講，「我很快就會還錢了，不要逼我」之類的對話。她知道，孩子應該是出了財務問題。果然，今天早上，小兒子終於主動跟她開口，希望媽媽可以借錢給他，因為公司的資金周轉出了狀況。借錢，在她的能力範圍內，當然她都願意借給他。可是，她問了兒子，需要多少，竟然是一千萬。她心裡想了想，手頭上的現金，怎麼樣也不夠，要怎麼幫他？就在她想著要怎麼解決問題的時候，兒子主動跟她開口，能不能搬家，把這間房子賣掉，算一算，大概就可以解決現在的財務狀況。

她聽到這樣的建議，突然有點不知所措。對她而言，這是一間充滿回憶的房子，也是她住得很習慣的房子，如果離開這裡，她該去哪裡？她冷靜下來以後，決定打電話給大兒子商量。大兒子接到電話以後，在電話那頭暴怒，直說要立刻回老家看她。等到下午，大兒子帶著媳婦回家，小兒子知道媽媽打電話給他以後，非常不諒解媽媽，直說：「為什麼要把事情搞這麼大，房子是媽媽的，媽媽想賣就賣，為什麼要問哥哥？」她苦笑無奈，因為就算要賣，她可能也得住在大兒子的房子，難道不用尊重他的意見嗎？

「憑什麼要求媽賣掉房子，媽以後要住哪裡？」大兒子一進門，就怒氣沖沖地質問小兒子。

「我已經照顧媽媽幾年了，你好意思說？」小兒子不甘示弱地回應。

「所以呢？你就可以要求媽賣掉房子來償還你的負債嗎？況且，你還是沒說，媽以後要住哪裡？」大兒子繼續逼問。

「住你那裡。」小兒子生氣地說。「為什麼都是我照顧？你不用負責嗎？」

「我家現在有兩個小孩，你好意思要她來住？我家哪裡還有地方讓她住？」大兒子說。

「你把儲藏室改裝，不就可以讓媽媽進去住了？」小兒子說。「房子賣掉，你也有一筆錢可以裝潢或是買新房子，這不是很好嗎？」

「不需要！」大兒子說。「外勞呢？外勞要住在哪裡？我可不要外勞這種外人住在我家，還得要負擔外勞的食宿費用。」

「所以呢？我就要負擔嗎？為什麼我要做這些事，你卻可以享受你的幸福家庭人生？」小兒子反脣相譏。

看著兩個兒子的爭執，她在旁邊手足無措。

「不然，送養老院啊！」小兒子突然這麼說。「我們都不要，那就送養老院好了。」

大兒子與媳婦，對這個突然出現的答案，似乎本來也有想法，他們並沒有說話，而是意味深長地看了媽媽一眼。

她不知道該怎麼回答，只能說：「我都好，你們覺得好就好。你們不要吵架就好。」

房子，因為在疫情期間，開價也不高，很快就賣出去了。在決定出售的第二個星期天，她就被搬到養老院，那裡環境很好，也有一群同齡的老人陪伴。然而，疫情並沒有好轉，而且在養老院爆發了群聚感染，她沒有倖免。

「都是你，要把媽媽送去養老院，今天才會變成這樣。」大兒子在家裡的靈堂前，生氣地對小兒子這麼說。

「你也沒反對，不要現在放馬後炮，誰知道會這樣？」小兒子還在跟哥哥吵架。

媽媽在過世後立刻焚化，他們都沒有看到最後一面，但是照片有特意挑過，慈祥地看著他們。

呂律師聊天室

養老院與長照中心的差別

在華人社會裡，到養老院度過晚年，似乎是一件很難想像的事情，畢竟這種情況都會被認為是「晚節不保」、「家門不幸」，如果不是孩子不孝順，怎麼會到養老院去「了此殘生」？不過，隨著親子教育、性別平等教育日漸普及以後，有些熟齡者就會開始思考是不是一定要跟孩子同住。畢竟「相看兩不厭」這種事，只有在詩詞裡才容易出現，大部分的狀況，都是「近廟欺神」、「貴古賤今」、「捨近求遠」。不過，要不要到養老院安享晚年，對於熟齡者來說，如果經濟無虞，應該優先考慮的就是「被送到」與「自己選擇」的心態差異。如果是無奈的選擇，那大可不必；如果是自己選的，那就應該要歡喜做、甘願受。

經濟無虞是相當重要的首要考量。無論要跟兒女同住、獨居，或是到養老院，最重要的是要有獨立的經濟能力，而不是跟兒女索要金錢。如果是後者，那麼其實自己能選擇的空間不多，畢竟是由兒女出錢，只是用「孝順」做道德勒索，意義不大，何況強留在「別人」家裡，只會有更多衝突，平白讓自己情緒上受到傷害而已。是的，孩子是「別人」，除了自己，其他人都是「別人」。所以，我們考慮的重點，就是在不造成別人的麻煩下，我們應該可以做什麼選擇。

與子女同住，當然會有一些好處，但是伴隨的缺點卻相當多。如果子女未婚，房子又是自己的，那麼讓孩子在成年後還住在一起，那是自己的選擇。如果看孩子不順眼，隨時趕他出門，不用忍耐。但如果孩子已經結婚，甚至有小孩，要考慮的問題就會很多。不僅容易涉入他們夫妻的感情問題，有時候還得「被迫」帶小孩。至於主動涉入他們的感情與要求帶孫子女，那真的不好。自己煩惱的事情已經夠多，不要去管「別人」的事。容我再說一次，自己之外，都是別人。因此，如果子女已婚，真的不建議與他們同居。此外，子女同住，也比較有可能對父母索取金錢。關於這一點，請謹記一件事，熟齡者已經沒有謀生能力了，但是孩子還有，請他們要自謀生路，不要老是惦記你的錢。

那麼，什麼情況下應該要選擇養老院呢？在經濟無虞的前提下，當然可以考慮把房子處分，換得一定的金錢以後，讓自己住在養老院裡。因為養老院的設備、人員、環境等，都是為了熟齡者設計。而養老院裡近似年齡者也比較多，不論是共通話題、生活興趣等等，都會有同伴一起。如果是單身，即便要找到伴侶或好朋友也比較容易。因此，如果自己不善於安排生活作息，養老院會是比較好的選擇。但是，要能這麼選擇，往往都是在自己的身體狀況、精神狀態還可以的情況，如果自己的狀況已經不好，那麼就必須要考慮護理之家或是長照中心。

一般而言，如果不需要插管，也就是不需要尿管、氣切管、鼻胃管的照顧，可以安排在長照中心。長照中心可以分為養護型與長期照護型，養護型適合生活不能自理，但是意識仍然清楚的熟齡者；而長期照護型則比較接近護理之家，醫療資源需求比較多。但如果需要插管，那麼護理之家可以提供的醫療照護就會比較全面。就費用部分，也是養護型最為便宜，但是護理之家的費用最高。當家屬要安排熟齡者進入這些機構，熟齡者自己的心態要調整，畢竟家屬的決定也是不得已，很少人有辦法長期照顧一名不能自理生活的長者，而完全沒有自己的人生。

不造成別人的困擾，是我們身為熟齡者必須思考的重點。盡量不要把自己的責任丟給其他人，因為他們的人生沒必要為我們負責。往這個方向思考，應該就可以理解自己可以選擇的方向了。

Chapter 2

老後的親子關係

1 熟齡再婚的財務問題

黃昏之戀

她很猶豫，不知道該怎麼跟孩子說。

他鼓勵她，這是她的人生，孩子們應該也會為她開心的。

先生在三年前「終於」過世，說「終於」，是因為在先生嚥氣的那一天，她雖然難過，但同時卻有鬆了一口氣的感覺。可能是因為，這幾年先生中風臥床，都是由她照顧，她的生活完全跟著先生的病情走，孩子都已經大了，有自己的人生，不可能來照顧。而先生又排斥看護，非得要她親自照顧，因此根本就沒有休息的時間。另外一個祕密，她不敢說，畢竟在世俗的眼光裡，這是不對的。

她的大學同學，從五年前開始就跟她聯絡上，因為共通話題，他們很快就找回以前的情誼。他的配偶過世一陣子了，可是，雖然跟先生關係沒有很好，但就是已婚，她只能婉拒進一步的追求。他也能瞭解她的狀況，於是兩個人就是維繫著淡淡的友情，沒有進一步的往來，只有在先生對她大吼大叫的時候，她會跟他訴苦。而當先生中風以後，每天照顧先生的重擔壓得她喘不過氣來，也會打電話跟他說說話，這樣讓她的心情可以好一些。可是，這樣的情感連結，讓她覺得很煩躁，畢竟就是世俗與法律不能接受的情況。

先生過世以後，他們開始有比較進一步的接觸。每個星期天早上，他會跟她約在家附近轉角的咖啡店，兩個人就坐在裡面聊天。他們聊完天以後，就去吃午餐，結束後他會送她到家門口。兩個人依依不捨地道別。這樣的方式持續一段時間以後，他們約會的頻率變高了。他們一起共度晚餐，他會來家裡，她會做菜給他，而且接受他的讚美，這些事情是她過世的先生從未做過的。接著，他們一起出遊過夜，他會細心地安排所有行程，讓她就像是公主一樣。當然，她也會注意他的健康，叮嚀他不能吃、不能做的事。這些日子以來，她覺得整個人都變年輕了。於是，他們想結婚。他與過世的太太有個孩子，現在於美國工作，對於爸爸要再婚，感到非常開心。但是，她很猶豫，不知道該怎麼跟孩子說。他鼓勵她，這是她的人生，孩子們應該也會為她開心的。於是，她鼓起勇氣，打電話給兩個孩子，希望他們能回來家裡一趟，想要告訴他們這個重大決定。

那天晚上，來的不只有兩個人，而是四個人。因為兒子與女兒，都各自帶了他們的配偶來到家裡。五個人在客廳裡，一片尷尬，因為她從來沒有主動召集過家庭會議。過去都是先生作主，先生過世以後是兒子作主。她不知道該怎麼開場，最後是兒子打破沉默，問了媽媽：「有什麼重要的事，一定要我們兄妹一起到嗎？是要討論爸爸留下來的房子要怎麼分配嗎？」

「不用說，當然是一人一半，有什麼好說的。你沒念過法律，也該看過新聞。」妹妹搶著說。

「不是的。」媽媽吞吞吐吐，但終究還是說了出來。「我想要再結婚，就是最近常跟我在一起的那個叔叔。」

「啊？媽，你在說什麼？」哥哥首先發難。「我反對。這個男的不曉得什麼來歷，爸爸又剛過世，你怎麼好意思就再婚？這樣對得起爸爸嗎？」

「對啊！而且，你的財產怎麼辦？會不會被那個男人騙光了。」女兒接力說。

「如果您要再婚，我跟您女兒也不能說些什麼。但是，財產的部分是不是要先看看怎麼處理，像是先過戶給我們，不然日後那個男人要是騙你錢怎麼辦？」雖然聽起來小心翼翼，女婿也插嘴了。

「叔叔自己有房子，不會圖我的財產，你們想多了。」她無力地反擊。

「這難說，錢沒有人嫌多的，誰知道他怎麼想？」女兒補了一句話。

「反正我是反對的。你這樣對不起在天之靈的爸爸。」兒子非常不高興地丟下這句話。「會不會你在爸爸沒死之前，就已經跟他有一腿了？這真是有辱門風，太誇張了。」

「我也反對，除非財產可以交代清楚，否則什麼也不用說。」女兒接腔。

她不知道該怎麼說，頓時慌了手腳。在這時候，都沒講話的媳婦，突然開了口。「奇怪了。媽要結婚，關你們什麼事？她的房子，也不是你們賺的。現在好不容易有個喜歡的男人，你們是要怎樣？」

她感激地看著媳婦，不知道哪來的決心，對著這三個人說：「對！我就是要結婚。不管你們怎麼說。至於房子，我誰都不會給，我會把錢花光。」然後，站起身來，手裡緊捏著原本寫好的要把房子贈與兩個孩子的契約，進去房間，把契約撕碎。

呂律師聊天室

熟年再婚該注意的事

配偶過世或離婚後，有些熟齡者會選擇單身，但是也有些熟齡者因為某些機緣，認識了其他不錯的對象，因此想要再婚。基本上，婚姻是每個人的選擇，只要單身，都有結婚的權利，不因年齡有差距，從這個觀點來看，熟年者的再婚，一點都不該是議題，不是嗎？理論上是，可是實際上，在決定要不要再婚前，還是有很多細節需要思考。

對象，是最需要斟酌的。比起年輕的時候，這個對象的經濟能力、身體狀況、家庭背景、個性思維等等，更需要考慮。因為熟齡最需要考量的就是經濟能力，而對方或許看重我們的，也就是經濟能力。如果對方只是因為錢的原因，在交往時就開始借錢、投資等等，那麼就應該立刻結束，連感情都不必談。保住老本，是熟齡戀愛的第一準則。原則上，在熟齡談戀愛，激情的成分不會太多，性生活的需求比起青壯年也低，重點還是在於對方的其他客觀條件以及個性，畢竟年輕的時候，跌倒以後再爬起來不是難事，可是熟齡要重新開始，總不是這麼容易，所以謹慎是必要的。

交往的時間千萬不要短，兩個人可以先從朋友開始，透過不同的社交活動，去觀察對方的個性與處事方法。如果只能透過網路觀察，那就不必了，畢竟網路上的甜言蜜語太多，一旦暈船，那可是翻船。沒有實際互動，而只是網路上聊天，詐騙的可能性太高。尤其是社群媒體上，有許多詐騙訊息出現，對方往往包裝成華僑或是外國人，以戰地醫師、退役將軍、工程師等不同身分出現，包裝成事業成功的熟男，攻占寂寞芳心以後，再把對方的錢詐騙殆盡，也是常有的事情。面對陌生人的追求，戒心是一定要有的，因為我們不會知道，這個人到底圖我們什麼？個性與氣質，是相處來的，不是網路上就可以瞭解的。

如果兩個人真心覺得可以在一起，不必然一定要選擇結婚。畢竟結婚會涉及到許多法律議題，不管是兩個人的家庭生活支出、收入、負債、現存財產或往後遺產，都與金錢相關。可是如前所述，在熟齡階段，物質很俗氣，但是最實際。

真的想要在一起，不一定要拘泥於形式，同居的模式也很理想，同樣可以照顧彼此，也不會有法律上的許多爭議。但是，如果真的要考慮結婚，那麼就要在法律上多加考量，例如遺囑等繼承問題。而對彼此的財務能否開誠布公，這也是離婚前必須要考慮的重點，否則未來產生的扶養問題，恐怕不是感情沖昏頭以後可以解決的。

最後，一旦要選擇結婚，與年輕人不同，比較會接近是「兩個家族」的事。雖然說，結婚最終還是回歸到兩個人，但是不妨在結婚前先聽聽孩子的意見。一般而言，除了對方的條件確實不理想，或是認識不深可能有疑慮外，孩子反對不外乎兩點：首先是對於過世那一方的不捨；其次是對於財產分配的疑慮。如果已經考慮過先前的狀況，不妨解釋給孩子聽。過世的那一方，不該拘束活著的人追求幸福，他們或許只是不捨，但尊重才是應該有的態度，畢竟孩子和再婚對象的關係也只是姻親。至於財產部分，會建議還是以自己的需求為主，不要考慮孩子的想法。某些孩子會有那種「媽媽或爸爸的財產被外人拿走」的感覺，可是，如果財產的積累與他們無關，事實上他們並沒有權利置喙。況且這種想法，其實很令人傷心，因為就像是孩子已經在盤算未來的財產應該要如何分配，可是，這些財產原本就與他們無關。

婚姻是自己的，也不必然一定要在熟年再次結婚。而關於情感與財產的規劃，如果孩子真的不能諒解，當然還是以自己的想法為準，因為過後半輩子的人，終究是自己，孩子不能代替我們過。

我的兒子住我家

他就住在家裡，所有的開銷，不論是水電、瓦斯、管理費等，也幾乎都是家裡幫他支出，大概也就沒有搬出去的必要性。

她不知道該不該把孩子趕出家門，或者說，該不該請孩子跟她分居。

她與先生有兩個孩子，老二在讀大學的時候，就已經搬離家中，到南部住學校宿舍。畢業以後，也順利在北部找到工作，薪水一般，但還可以在外租屋謀生。比較讓她頭痛的人物，是她的大兒子。大學畢業以後，他就搬回家裡，跟他們夫妻同住。不過，他的工作狀況一直不穩定，經常做了幾個月以後，就覺得想要開除老闆，因此收入也不是很理想。不過，他就住在家裡，所有的開銷，不論是水電、瓦斯、管理費等，也幾乎都是家裡幫他支出，大概也就沒有搬出去的必要性。這些都是小事，如果只是如此，她覺得也無妨，反正只是多雙碗筷而已。雖然夏天的時候，他沒上班就躲在家裡不出門、玩網路遊戲，冷氣的電費讓她很頭痛，但都還在忍受範圍。可是，最近他交了女友，而所有的問題，就是從這個女人開始的。

在沒有通知他們夫妻的情況下，那天晚上，兒子帶著女友回來家裡吃飯。她原本以為，當天吃完晚餐以後，兒子就會送女孩回家，沒想到，吃完晚餐以後，他就帶著女孩進了他的房間。當天晚上，他們再也沒有出房門。她忍住脾氣，跟先生抱怨了兩句，先生要她忍耐，第二天再跟兒子談談也就是了。她聽了先生的建議，也沒有發作，等到第二天接近中午，兒子才睡眼惺忪地走出房門，問了她：「早午餐做好沒？」

早餐就早餐、午餐就午餐，哪裡來的早午餐？她對著兒子沒好氣地說：「早餐收起來了，你為什麼帶女孩回家睡覺，不事先跟我們溝通？」

兒子聳聳肩，很不耐煩地回答：「有什麼好說的？帶女朋友回來又怎麼樣？你們很奇怪，小時候要我們不能交女友，交不到你們又緊張，現在有了你們還是不爽，不要當我們是塑膠，隨便旋轉我好不好？」

前面的話她聽得懂，但是她聽不懂什麼叫做「塑膠」跟「旋轉」。她苦口婆心地跟兒子說：「你還沒有要跟人家女孩子結婚，就不要隨便同居好不好？你啊……」正要開始「溝通」的時候，他拿了桌上的三明治與水果，就又進了門。

這次進房門，就不再出來，房間裡傳來電動的聲音，直到晚上要吃晚餐，他才又把女生帶出房門。晚餐的時候，沒有人說話，氣氛很尷尬。晚飯後，他又想要把女生帶回房間。媽媽鐵青著臉問他：「人家女生不用回家嗎？」他則是不滿地回話：「她要住我這裡，不行嗎？」說完就拉著女生的手，又進了房門。

他們夫妻倆，一夜無眠，不知道該怎麼辦。

第二天，兒子竟然一大早就決定出門，據說他有個面試機會。她心想，總算有機會跟這個女孩談談了，於是在兒子出門後，她鼓起勇氣，敲了兒子的房門。隔了幾分鐘，她才聽到房間裡有動靜，但是沒有開門的打算。她一再敲門，裡面的女孩總算開門，睡眼惺忪，似乎不知道自己在哪裡。房間的空氣很糟糕，似乎有塑膠的燃燒味道，她昨晚就有聞到一些，但不知道竟然這麼濃，她咳嗽了幾聲，退出了門口。

她很客氣地問女孩：「妹妹，這兩天怎麼會想要來住我們家呢？」

「喔！沒有啊！你兒子要我來陪他的。」女生漫不經心地說。

「可是，你們這樣在我們家同居，好像不是很好。」她小心翼翼地「建議」這個女孩。

「喔！沒關係，那我可以搬走啊！」女孩轉頭回去房間，把門鎖起來。她以為女孩準備要整理東西，沒想到，她在門口等了半個小時，女孩一點反應也沒有，反而傳來陣陣的電動喧鬧聲。她繼續敲門，裡面索性出現了搖滾音樂，震耳欲聾。她沒辦法，只好坐在客廳裡生悶氣，同時打電話給老伴，希望他趕快回家解決問題。

結果，回家的不是老伴，而是她的兒子。兒子怒氣沖沖地對她吼叫：「你憑什麼要趕走我女朋友？我告訴你，我們就是要住在這裡！」她被兒子嚇得手足無措，一時之間不知道該怎麼回答。兒子講完這兩句話，就直接又進了房間，房間裡又傳來陣陣的嬉鬧聲。

她該怎麼辦？要接受這種狀況，還是叫警察把他們趕走？

呂律師聊天室

成年子女與父母親關係的思考

臺灣的成年年齡，即將在二〇二三年一月一日起，從二十歲調整為十八歲，這意味著父母的法定責任可以提早畢業。在臺灣這個重視「父父、子子」的國家，父要有父的樣子，孩子也要有孩子該有的模樣，因此「教養」子女，是父母應盡的義務；而子女長大後要「反哺」父母，也會是孩子必要的責任。就教養而言，不談精神層次，物質層次大概就是提供孩子必要的花費、支出、住宿等開銷，直到二十歲為止。

不過，在少子化與儒家思想的雙重影響下，寵愛孩子，已經取代教養的基本模式。因此，少有人當孩子真正到了二十歲，就會告訴他：「你已經在法律上成年，因此明天開始，你就不能住在家裡，否則要支付房租與水電、瓦斯、管理費。」相反的，許多人還是會持續地提供孩子經濟援助，當然更不會跟孩子計較所謂的房租。孩子還在就學，會持續提供學費與零用錢，即便孩子已經在工作，也會希望孩子可以住在家裡，陪伴自己的熟年生活。不過，這樣的教養方式，卻培養出各式各樣無法對自己負責的孩子。

例如，孩子念大學，會覺得學費由爸媽出，而且可以繼續拿零用錢，是理所當然，爸媽本來就得要養我。甚至到了研究所，也會覺得爸媽提供援助是應該的，但是問他們憑什麼，卻說不出口。或者是已經在外工作，仍然住在家裡，卻會跟旁人抱怨，家裡還有門禁，爸媽的管理為何這麼嚴格？可是，他們完全忘記最重要的議題，也就是，每個人都是獨立的個體，當法定責任已了，剩下的都是好意施惠關係，那麼，既然沒有無緣無故的愛，爸媽為何得要擔負起孩子成年以後的責任？付不起房租？那是孩子的事。沒有錢繳手機費？那也是孩子的事。找不到工作？那更是孩子應該自己負責的。不是嗎？

這就是兩方互相的盲點。法律上對於成年的規定，只是一種客觀的判斷標準，事實上，每個家庭都可以根據自己的需求，決定應該如何扶養孩子。但是以現行法律來說，最低標準就是二十歲。即便一年多以後會降低為十八歲，以臺灣父母「放不下責任」的心態，渴望孩子留在身邊的想法，以及捨不得孩子受苦的念頭，所謂的法定扶養義務的規範，還是只能規範某些急於想擺脫扶養義務的父親或母親，特別是離婚後，不是主要照顧者的人，可能會很開心，只要付扶養費到十八歲。但是對於一般的父母親而言，年齡根本就只是參考值而已，他們不會在乎孩子目前幾歲、究竟成年沒有。說到底，在臺灣父母的眼裡，孩子永遠是孩子，不可能是跟他們平起平坐的成年人，也永遠都需要他們幫忙。畢竟，家是永遠的避風港，隨時歡迎孩子回來。

然而，是這樣嗎？如果孩子永遠是孩子，即使成年，父母幫助孩子也是天經地義，甚至有意無意地希望孩子永遠待在自己身邊，這時候孩子要如何能真正面對社會的現實面與殘酷？想想，如果父母身無恆產，或者父母雙亡，孩子一旦成年之後，不就應該自己找房子、找工作、負擔所有的開銷？可是這種「不願意孩子受苦」的想法，卻有可能其實傷了孩子往後獨立的道路。為什麼？固然某些孩子在成年前，就開始被迫獨立，而某些孩子，在成年後也會努力找出路，可是因為父母的念頭，對另外某些孩子而言，卻可能產生「有大樹好乘涼，為什麼非得到空地晒太陽」的想法。

這樣的想法有沒有不好？縱然父母可以承擔後果，甚至擔保孩子一輩子都可以在他的庇蔭下，也不會很好，因為孩子永遠不會成長，慈母多敗兒，這句話就是很可怕的警惕。而且，如果孩子不懂得珍惜，下場可能是對父母予取予求，所有的不利後果，都讓父母出面解決，在這種情況下，父母可能要面對的親子議題就會越來越多，最後就是不可收拾。因此，當孩子成年以後，就應該讓他們儘速離開父母的保護傘，甚至可能在孩子即將成年時，就應該不斷地告訴孩子，父母對他們的法定扶養義務只到二十歲（十八歲），以後要靠自己想辦法。如此一來，孩子才能正確地學習承擔責任，也不至於對於熟年者的人生，造成太多負面的影響。讓孩子成為「巨嬰」，絕對不會是父母想要的結果。如果是如此，那麼就應該好好想想，如何鼓勵孩子在成年後搬出家門，認真面對自己的人生。

我的女兒不回家

就這樣，女兒再也沒回來過。

而過了兩個月，她收到了法院核發的暫時保護令，

以及警察局通知她要去做筆錄，女兒對她提告公然侮辱。

她覺得非常生氣，女兒怎麼可以這麼對她。

這個女兒，是她懷胎九月生下來的獨生女，在女兒出生不到一年，爸爸就外遇。面對不願意繼續婚姻的先生，她斷然選擇離婚，一個人把孩子養大，不讓爸爸來探視小孩，也不接受爸爸任何的扶養費。一晃眼，孩子已經二十五歲，這當中的辛酸，不足為外人道也。她唯一欣慰的，是這個孩子一直很乖，也順從她的想法。小時候，她只要一個眼神，孩子就會安靜；進小學以後，孩子的成績也始終名列前茅，她親自接送孩子去安親班、補習班，就是希望孩子可以比她有成就。高中選組，她堅持女孩子就是要念社會組，即便孩子告訴她，對數理比較有興趣，她也不同意孩子去自然組。大學指考後選擇校系，她索性直接幫女兒填志願，她緊張的程度，大概比自己準備大學聯考時還高。終於，孩子畢業了，她拜託以前的大學同學，幫女兒在上市公司找到人事行政的工作，已經三年，薪水都交給她「保管」，替女兒存起來。過兩年，她會幫女兒看新房子，把現在的房子賣掉，加上這些錢，應該可以買間地段更好的一起住。再過兩年，她再幫女兒找個有錢的對象，那就完美了。

如果，不是那個男的，女兒還會是她的乖女兒。都是那個男的，破壞了她的完美計畫。

半個月前，女兒膽怯地告訴她，因為主管介紹，認識了比自己大三歲的同事，她想要跟他去看電影。她聽到女兒這麼說，頓時覺得不開心，因為年紀只比女兒大三歲，意味著這個「小男生」應該沒定性、剛退伍也不會有太多存款與成就。果然，一問女兒就知道，這個男生不過就是基層工程師，年薪不過也就不到百萬元，怎麼能跟女兒交往？她冷酷地拒絕了女兒的請求，直接否定她可以跟這個小男生交往的機會。女兒沒多說什麼，只是悶悶不樂地進去房間。她看到女兒這種反應，頓時大怒，拍了女兒房門，但是女兒始終不願意開門，只是在房間裡哭泣。她覺得，女兒真是造反了，為了一個小男生？

那天以後，女兒的情緒並沒有好轉，她也是，母女就這麼僵持冷戰了好幾天。她覺得不能接受，因為她是為了女兒好，女兒怎麼敢跟她這麼對抗？接著，女兒有好幾天晚歸，明明家裡的門禁是八點，她算準了女兒從公司下班的時間，包括塞車的彈性時間都給了她，但是女兒卻在八點半、九點才回來，也不事先請假，而且一回家就關在房間裡，任憑她怎麼敲門都不理會，她幫女兒精心準備的晚餐，只能自己吃。她索性就把晚餐倒掉，把廚餘就放在女兒房間門口，一出門就能看到。

這樣的情形繼續惡化，女兒也沒有向她低頭的意思。上星期五，女兒竟然沒回家，而且星期五，就是發薪日，女兒也沒有依照往例，把薪水轉入她的帳戶。她簡直氣死了，打電話到女兒手機裡，卻發現轉到語音信箱。她第一次發現，女兒似乎不在她的掌握之中，而且，竟然連結如此薄弱。除了手機，女兒不回家，也拿她沒辦法。她從星期五晚上開始，就生氣到星期日，她打給了大學同學，希望他可以透過關係，找出女兒；也到警察局報案，但是警察竟然跟她說，女兒有人身自由，只能幫忙協尋，但女兒不願意回家，也沒辦法。

「什麼沒辦法？這個爛警察！我是她媽，含辛茹苦把她養大，怎麼沒辦法？」

星期一，她放下所有的工作，到女兒的公司門口等候。到了上班時間，她看到竟然有個男生陪同女兒上班。她簡直氣炸了，難不成女兒這麼不知羞恥，已經跟男人同居？她一個箭步上前，打了女兒一個耳光，然後對女兒說：「你這個不要臉的女人，你眼裡還有沒有我這個媽媽？你也不想想，為了栽培你，我付出了多少心力，結果你竟然背叛我，跟男人跑了！」女兒被打了耳光，眼淚奪眶而出。那個男生把兩個人隔開，然後對著她說：「伯母，請你不要這麼做，你這樣是家暴，而且已經有公然侮辱罪的問題。」她一聽更怒，對著那個男人說：「你誘拐我女兒，我會告你。」說完後，轉身進入女兒的公司大廳，就坐在大廳的沙發上，不願意離開，直到警衛叫了警察來，她才無可奈何地被趕走。就這樣，女兒再也沒回來過。而過了兩個月，她收到了法院核發的暫時保護令，以及警察局通知她要去做筆錄，女兒對她提告公然侮辱。

反了，這年頭真的反了。她到現在，還是不能接受這種結果。她有錯嗎？她哪裡做錯了？她一定要反告那個男的，還有那個不要臉的女兒。一定要！

呂律師聊天室

別讓親子關係變成慢性中毒

對於父母而言，保護教養子女是法律上的義務，雖然不是每個父母都能做到。但是對於子女而言，沒有給予保護教養，與過度保護教養，後者可怕的程度，並不亞於前者。有些父母以為，「我都是為你好」，但是「為你好」這三個字，究竟是為誰好，其實很難界定。如果嚴重一些，甚至「為你好」，可能是「為我好」，也就是為了自己好，跟子女一點關係也沒有。

當孩子還沒成年，父母要盡的責任是養育、指導與照顧，但是，孩子成年以後，父母的角色就應該逐漸消失，也不該為了孩子的未來負任何責任。臺灣的父母們，不容易學會一個基本道理，就是「你的孩子不是你的孩子」，他是獨立的個體，不論年紀，在孩子有意思表達能力以後，就應該盡力尊重孩子的想法，而不是把自己的思考模式複製到孩子身上，或者把自己的夢想交給孩子去實現，期望孩子能達到自己不能達成的理想。他不是你的工具，他只是他自己。真想這麼做，或者真的這麼做，下場不會有好的結果。輕則一事無成，重則人格分裂。而不論如何，他的未來都不會幸福。

往下走，如果複製的念頭與怨念加深，就會衍生出家庭暴力的新議題。對於某些父母來說，總覺得自己做的所有事情，都是為了孩子著想，為他存錢、為他吃苦、為他守寡、為他付出，可是，這些或許都是有代價的，這個代價，就是要孩子得聽話，否則自己所做的一切，彷彿就毫無意義。因此，孩子開始有獨立的想法，那就是大逆不道，他們怎麼可以違背自己的意旨？我付出這麼多，他們現在翅膀長硬，就不要我了？這算是什麼？輕則自怨自艾，重則開始一連串的家庭暴力行為。

在孩子面前自怨自艾，稱之為「情緒勒索」。往往呈現的面貌就是「我老了、不中用了、你不要我了」，用這種說詞，讓孩子產生內疚感，甚至會脫口而出，「我犧牲這麼多，還不是因為你」。孩子對於這些說法，一開始會覺得難過，聽多了就會麻痺，然後逃避。這種惡性循環，讓親子關係變成慢性中毒的狀態。而家庭暴力行為，則是一種急性中毒，父母會以各種不同的手段，要求逼迫孩子就範，兩代人之間，就此破裂，而且無可挽回。

孩子開始會以「離家出走」的方式逃離現場。但是父母對於孩子竟然膽敢離家，感到非常生氣，因此會瘋狂地以電話騷擾子女，手機不通，就打去公司，公司電話拒接，就會到公司等候。等找到了孩子，就會以肢體或言語暴力攻擊孩子，而且覺得理所當然、無所畏懼。孩子要是因此提告，或請求保護令，就會覺得這世道簡直反了，孩子告父母，這是什麼道理？孩子怎麼可以告父母？或者是，天下無不是的父母，我這麼做，還不是為你好？

問題是，孩子不是這麼想的。孩子想要的，一開始或許並不是直接與父母決裂，只是希望可以多一些空間發展自我。但父母步步進逼，卻讓他只能用最激烈的手段反擊。而法院在處理這種議題時，往往不會對父母有利，因為「孝道」這種觀念，最終還是得要回到人的主體性與尊嚴性。每個人都是獨立的，即便是父母，也無權干涉孩子的未來。當父母使用的手段，已經逾越法律，感情上有所謂的「恐怖情人」，親情上當然也有「驚世父母」，法院只能透過核發保護令，讓兩代之間可以暫時隔離，避免衝突。

避免當驚世父母，就是要求自己可以在親子關係上謹守分際，父母只是上帝暫時指派的子女保護者，而不是所有者，適時地讓自己體認到事實，真要為子女好，與子女保持距離，對於子女來說，才是真正的好。

4 偽造有價證券、借據與本票

媽媽，我要錢

他們是「資產顧問管理公司」的人，
小兒子跟他們借了五十萬，
現在利息加上本金已經累積到一百萬。

她在猶豫，等等要不要去銀行辦理貸款。兒子已經來找她三次了，而最後一次，他甚至對她下跪，直說這是最後一次，以後再也不會發生。可是，她很懷疑，因為第一次與第二次，他也是這麼說。或者，應該不能只算三次，從他成年以後，小錢就不知道已經給過多少次。

家裡有三個孩子，他是最小的那個兒子。大學畢業以後，他也沒去找一份長久的工作，大概就是在不同的餐廳打工。雖然沒住在家裡，在外面租房子，還是會經常回來看他們夫妻，只是回來，每次都要錢，有時候是幾千元、有時候只是幾百元，她先生堅決不願意給，但每次她還是會心軟，偷偷塞錢給他。其實她不太懂，同樣的教育方式，為什麼姊姊跟哥哥就沒有問題，他們都有穩定的工作，也會固定給他們兩老一些生活費，但是，這個小弟，怎麼講都不聽。

第一次借錢，小兒子跟她說，是要投資做生意。她覺得生意沒這麼好做，要他想想再說。但是他趁爸爸不在，拿了一本「某某公司投資企劃書」，上面寫滿公司的前景，他興奮地說，自己總算可以有一個稱頭的頭銜，公司要讓他當董事，還給他一個經理做。往後，他就可以不必跟他們要錢了，一個月的月薪還有十萬元。她對這件事很有疑慮，況且金額還要上百萬元，但兒子跟她說，只要一年就回本了。她想想，就給他這個機會，於是把自己的私房錢領出來。兒子千謝萬謝地離開了，這一走，就是半年，他沒有再回家過。打電話給他，也沒接通過。

先生當然覺得可疑，因為畢竟平常會回家拿點零用錢的孩子，突然不見了。不過她跟先生說，孩子應該是在認真工作，先生也就沒多問什麼。可是，半年後，來了幾個彪形大漢在門口。先生跟她嚇死了，不知道發生什麼事。只見那幾個人交頭接耳後，由一個穿西裝的人敲門，她戰戰兢兢地打開門，問這個人要找誰。沒想到，這個人是來找小兒子的。她問對方，找小兒子做什麼，對方直說她小兒子欠錢不還，已經消失三個月了。細問以後，才知道他們是「資產顧問管理公司」的人，小兒子跟他們借了五十萬，現在利息加上本金已經累積到一百萬。他們不滿地對她說，如果不付錢，只要找到她的小兒子，就會讓他去「當中部粽」。她不知道什麼是「當中部粽」，但聽起來應該不會是什麼好事。

她客氣地請他們先回去，當晚跟先生討論完以後，先生堅決不願意幫忙。她只好在第二天聯絡小兒子，這次倒是一撥電話就接通了，小兒子在電話那頭痛哭流涕，對著媽媽道歉，說上次那些錢被騙了。如果不還錢，這些人可能會對他不利。她又再度心軟，把剩下最後的存款，統統領出來，大約是一百五十萬。等等，不是只有欠一百萬嗎？兒子說，再借他五十萬，他外面還有一些欠債，一次還完，就可以重新做人了。

他又消失了，只是這次只有三個月就重新出現。這次，他帶了「朋友」來，可是一看，那個朋友，竟然就是上次穿西裝的那個人。她跟兒子說，真的沒辦法再借錢給他了，爸爸都不知道這些事，可是她的存款已經都用盡了，上次真的是最後一筆錢。可是，那個「朋友」拿出了一張本票，上面是她的名字。她非常訝異地問兒子，筆跡不是她的，她也沒簽過本票，這張票是怎麼來的？兒子立刻向她下跪，哭著跟她說，這是他冒媽媽的名義簽名的，現在對方要告他偽造有價證券，至少三年以上有期徒刑。他真的不能被關，希望媽媽可以幫忙最後一次。

要關三年．她嚇死了，可是她身上真的沒有錢了。這時候，小兒子突然問她，現在這間房子不是在她名下嗎？可以拿去貸款，不過才三百萬而已，一定可以貸得到的。她聽到這段話，差點沒暈倒，小兒子怎麼對家裡的情況這麼瞭解？她當場就拒絕他，因為這是她跟先生住的地方，萬一要是沒了，怎麼辦？可是兒子一直求他，萬一真的還不起，對方就會去提告，這可是要判刑的，這樣的話，他寧願去死。看到兒子這樣，她真的於心不忍。那個穿西裝的人帶他走了，臨走之前，揚起了那張本票，對著她說，三年有期徒刑，自己看著辦。

看著辦……她該怎麼辦？

呂律師
聊天室

錢，用在自己身上才叫做財產

很多人都會說，「養兒防老」。但事實上，現在的社會已經很難做到這一點。成年子女在出社會後，能夠照顧自己或是自己的家庭，已經不容易。如果還要照顧自己的爸媽，自己的所得，就非得要在中產階級以上才有機會。嚴重點說，現在成年子女如果可以維持自己的生活，不向父母要錢，父母就應該覺得萬幸，更別說是要子女拿錢扶養。

成年子女，是完全獨立的個體。依法，成年後住在家裡，爸媽可以請求房租、水電費等等，當然也可以要求他搬家，就像是一般房客一樣。如果父母不能維持生活，也可以請求成年子女扶養。那麼，成年子女可以要求父母扶養嗎？原則上不行。除非成年子女無謀生能力，而且不能維持生活，一般的判斷標準，就是以成年子女有沒有監護或輔助宣告的情況，如果沒有，法院都會認定成年子女不能向父母請求扶養費。

那麼，成年子女向父母索要金錢呢？以情感上來說，父母願意給成年子女「零用錢」，就像是讓成年子女繼續住家裡，不收房租一樣，這都是家庭內部的自治關係，法律不會想要干涉。但是，有些父母的做法，是成年子女的所有開銷，乃至於外面借款，都可以一手包辦，那就要看父母怎麼思考這個問題了。如果還是以好意施惠的家庭內部關係來看，法律還是不會介入。但果父母一再以這樣的方式餵養成年子女，通常只會養虎為患，問題會越滾越大。一開始，可能只是幾百、幾千，後來會變成幾萬、幾十萬，最後甚至是上百萬，而父母必須把他們最後的退休金交出來，至死方休。

當成年子女開始會向父母借錢，最理想的方式，當然是不要借。畢竟成年子女有謀生能力，還能靠自己賺錢。但是父母的謀生能力只會逐漸下降，而且熟年花費其實不低，要維持中產階級以上的退休生活，準備的錢不可能會少。如果把自己的退休金完全交給成年子女，「今日我葬你，他日誰葬我」？如果真的要借給他們，固然可以不收利息，但是該有的借款工具都必須要準備齊全。例如借據、匯款紀錄、本票等等，該寫的一定要對方寫，而且，寫了就得要還，甚至要讓其他兒女，包括配偶知道這些事情。千萬不要以隱瞞的方式處理，畢竟其他人可能會因為我們借錢給孩子，所以壓力變大。該說的，當然要說。未來如果對方沒還，那就應該秉持「有借有還，再借不難」的心態，而不是如同火山孝子一樣，有多少丟多少。

近幾年，地下錢莊流行的方法，不是讓借款人寫自己名字的本票，而是讓借款人填寫家人名字的本票。因為寫借款人的名字，一旦對方還不出來，家屬又沒能力，可能就像打水漂一樣，借款就這麼拿不回來了。但如果要求對方寫父母、配偶、子女的名字，在刑法上就會涉嫌偽造有價證券的罪刑，至少會判三年以上。這時候，借款人的親友，可能會因為擔心借款人入獄服刑，因此幫他還錢，甚至一肩扛下。這種類型的親情勒索，著實令人頭痛，因為這已經不是單純的民事問題，而是複雜的刑事犯罪。地下錢莊就是看中這一點，也擔心借款人的父母不願意站出來付錢，才會以這種方式讓父母付錢。

最後，要提醒熟年朋友，身上所有的錢，都是自己的老本。錢，用在自己身上叫做財產，被別人拿去用叫做遺產。辛苦了一輩子，如果不想當「下流老人」，自己就得要懂得保護自己。親情勒索都是無底洞，這種萬丈深淵，不是只要給一次就能解決。不懂事的成年子女，看到爸媽給一次，就認為爸媽會給一百次，甚至聯合外人，一同訛詐爸媽。等到自己已經沒有任何後援，這時候年事又高，沒有賺錢能力，恐怕連自己辛苦累積的房子都要賣掉。因此，照顧自己是最優先的順序，至於其他人，包括兒女，都只是他人，該殘忍，也得要斷、捨、離。

5 子女的婚姻關係

我的兒子是媽寶

她覺得有點好笑，怎麼變成「嫁進他們家」，
不是「結婚」嗎？
不過，轉念一想，大概老人家用詞就這樣，也別太在意。

透過朋友的介紹，她認識了這個男生。第一次見面，對他的印象非常好。約會的餐廳，完全尊重她的意見；他們點的餐點，也完全由她作主；最後結帳，也是他主動處理，她想要平分款項，還被他拒絕。他說：「我媽說，付錢是男人應盡的義務，這點費用真的沒什麼。」

之後，他們開始了密集的約會。每個星期大概都會見面，而且感覺都還不錯。她覺得這個男人有上進心，工作能力強，目前的工作狀況也很穩定。收入不錯，她不會跟他要錢，但他也至少不要拖累她的財務。個性溫和，目前還沒有對她大小聲過。而且，她感覺到這個男生很孝順，每個月都會給媽媽零用錢，還會陪媽媽一起吃飯。最重要的是，他們有共通的興趣，兩個人都愛攝影，他喜歡為她拍照，而且認識她以後，「據他自己說」，只為她拍照。很快的，他們變成了男女朋友，因為適婚年齡也差不多了，她有認真在考慮結婚的議題，跟他討論以後，他也覺得時間差不多了。因此，兩個人決定在年後結婚。只是，在那之前，男友有點不好意思地說，希望可以安排他媽跟她見一次面。「我媽說，她想要看看未來媳婦的樣子。」

她當然覺得好，對於未來的婆婆，她也想要認識，畢竟這件事很重要。婆媳關係，也是婚姻關係中重要的一環，不是嗎？於是，他們約在市中心的一家餐廳，那天她刻意請假，花了點時間打扮，希望可以給未來婆婆最好的印象。她買了一條珍珠項鍊給他媽當作見面禮。她不太開心的問題在於，男友在下午臨時跟她說，得去接媽媽，請她直接到餐廳見面就好。「接媽媽？這真是奇怪的說法。不能一起去接媽媽嗎？」不過，既然是一片孝心，她也沒多說什麼，就直接搭了計程車，前往餐廳見面。

到了餐廳，她遠遠就看到男友跟一個雍容華貴的女士坐在同一桌。她連忙過去打招呼，男友請她坐下，女士則是微微點了頭，面帶微笑，但不知道為什麼，感覺起來有些不對勁。或許是她想太多，她一坐定，就跟女士問好，同時也介紹她自己。在介紹的過程中，女士沒有多說什麼，就點點頭，看著她的眼睛。她心想，未來的婆婆，應該是精明幹練的婆婆，她得要打起精神來了。

「你的學歷很好啊！我很希望你可以盡快嫁到我們家裡來。現在是疫情的關係，不能辦婚禮，但是明年的五月二十日，剛好是我結婚三十週年，你們選那一天好了。」

她覺得有點好笑，怎麼變成「嫁進他們家」，不是「結婚」嗎？不過，轉念一想，大概老人家用詞就這樣，也別太在意。

「我媽說，結婚以後，她會幫我們付頭期款，在市中心買一間房子，她可以跟我們一起住，反正我爸過世了，只有她一個人而已，應該還好。」他接著說。

等等，這跟之前他所說的話不一樣。她不安地、小聲地問：「結婚後，不是我們兩個一起住而已嗎？」

他的臉色有些尷尬，女士的臉色則變得很難看。男生也小聲地回應：「我媽說，唉呀，我再跟你解釋，老人家，就是這樣，她不希望我們結婚以後分開住。而且我媽說，她可以幫我們照顧小孩，很方便的。」

她覺得情況有些不對，所以試探性地問：「結婚以後，我還可以在公司上班嗎？」

「我媽說，嫁到我們家以後，最好你可以在家當家庭主婦，不要去工作了。我的錢也還是會請她繼續保管。反正家裡還有點錢，應該夠你用了。」他渾然沒發現，現在換她的臉色不好看了。

「所以小孩也『一定』要跟你姓？」她決定把以前問過男友的話，在他媽面前，重新問一次。他媽媽聽到這句話，臉色更難看，直接質問：「這是什麼問題？當然跟我們家姓。」

男生試圖打圓場，趕緊說：「我媽的意思是說，最好是跟我們家姓，不過我知道你是獨生女，所以我會再跟媽媽溝通看看。」

「不行，這件事沒得商量。」女士言語嚴峻地打斷他的話。「我說這樣，就是這樣了。不然你怎麼對得起你爸爸？」

她終於受不了，站起身來對著男生說：「你媽說、你媽說，什麼時候才會輪到你說？而且，你之前跟我說過的話，現在完全不算數，你去跟你媽結婚好了。」說完話，轉頭就走。

只見那個男生，也站起身來，但沒有追回她的意思，高聲地說：「我媽人很好，你以後就會知道了。」

呂律師聊天室

「我媽說」的效應

「我媽說」這三個字，是在婚姻時，最可怕的話之一。身為孩子的媽，不可不知。許多的婚姻，就是因為「我媽說」這三個字而毀掉。對於媽媽而言，或許會對於孩子很聽話感到欣慰。可是對於媳婦而言，聽到老公對於生活上的大小細節，都得要對媽媽「早請示、晚匯報」，一定沒辦法接受。而且常把「我媽說」掛在嘴巴上，他們的婚姻，到底是誰在過？

這種老公，通常被戲稱為「媽寶」。媽媽聽到自己的寶貝兒子，被媳婦或外人稱為媽寶，心裡一定很不服氣，也不開心，畢竟聽起來，兒子就像是長不大的孩子一樣，禁不起風吹草動。可是，我們得要想想，兒子的婚姻，為什麼會被媳婦否定，為什麼這個女人，竟然會認為自己的兒子是長不大的孩子，難道這一切就是媳婦的錯，我兒子很乖，不聽她的話，才會被她認為是媽寶？如果，我們真的這麼想，那恐怕會離事實太遙遠。而且，如果因為這樣而婚姻破裂是事實，我們當然不用為了孩子的婚姻破裂而自責，但既然「媽寶」當中有個「媽」字，我們不妨想想，如何可以避免這種事發生。

首先，媽寶的養成不會是一蹴可幾的，而是從小就開始「培養」，通常都是從過度保護開始的。孩子幼兒的時候，跌倒在地上，媽媽就對著地面說：「都是石頭的錯，我們打它！」進小學以後，跟同學吵架，媽媽第一時間就去興師問罪，不論誰的錯，先罵對方再說。孩子要下任何決定，都得先問媽媽的決定，不然媽媽就會生氣，生氣的不是孩子的決策錯誤，而是孩子竟然沒問過她。高中要念社會組或自然組，得先問媽媽；大學要選填志願，得先問過媽媽；找工作、選伴侶，都要問過媽媽，長期下來，他就沒辦法自己決定任何事。接著，「我媽說」三個字，就會變成他的口頭禪，任何女生聽久了，都會退避三舍。即使勉強結婚，往後也會成為夫妻之間失和的導火線。

為什麼？因為，沒有人喜歡另一半開口閉口都是權威在發言，而不是自己下決定。當媳婦想要跟兒子討論問題，結果兒子給的答案，竟然都是「我媽說」，順便加個「我媽人很好」，這時候對於媳婦的打擊是加倍的。因為她得要跟一個權威，也是一個看不見、不能反駁的對象溝通，對於媳婦而言，起點就不會是平等的，而溝通，不就需要平等？因此，從小就不該為孩子做出太多的決定，而是讓孩子慢慢地學會自己作主。當然，也不需要過度保護孩子，讓孩子習慣自己決定、自己接受後果，對於孩子的成長，絕對有正面的幫助。

那麼，是不是媽媽的角色應該要全面退散，不需要給孩子任何建議？這倒也是矯枉過正。當我們聽到孩子要做出某些決定時，如果他們徵詢我們的意見，可以給一些自己的想法，但是不需要為了要他符合我們的期望，所以提供建議，又提供資源，甚至為他承擔成敗，這只會讓孩子在成長的過程中，以為只有聽媽媽的話，才會有獎賞、才不需要承擔後果。如此一來，孩子就會習慣依賴媽媽的決定，任何重要問題都會想要媽媽幫忙，而這時候，媽媽就得要同時扮演朋友、老師、金主、配偶的角色，基本上，沒有任何一個女人可以接受婆婆在生活裡的「入侵」，而自己的男人卻是軟弱無能、無法做決定的角色。

當然，也不排除有些兒子只是拿「我媽說」作為擋箭牌，事實上是他自己的決定。遇到這種情形，就得要嚴肅地跟兒子與媳婦說清楚。除非自己是律師，否則介入別人的家事，即便是兒子，都叫做「別人」，是相當不智的。好的沒有我們的分，壞的都會怪到我們頭上來，何必讓自己變成兩面不是人？

6 性別與繼承問題、性別平等

男生女生

他覺得男生才能繼承家裡的香火，

你是女生，就要忍耐一下。

像媽媽，這幾十年，不也這樣過了？

她接到媽媽的電話，在電話中，媽媽的口氣很低落，感覺起來這次的病情應該很嚴重。她已經好幾年沒有回家，媽媽也從來沒有打電話給她，想必爸爸的病情應該很嚴重，否則媽媽應該不會打電話給她。媽媽在電話裡，不斷地拜託她回家照顧爸爸，因為媽媽身體也不是很好，家裡又沒錢找外籍移工幫忙。她原本不想回去，但是媽媽講了一句話，讓她嘆了一口氣。

「就剩下這幾個月，恩怨就可以結束了。」

第二天早上，她就向公司遞了辭呈，立刻搭上高鐵。她知道「那個人」應該在老家，於是她決定帶著行李直接去醫院。爸媽橫豎都在醫院，她主要的目的也是要照顧爸爸，那去醫院就好了，她也不願意踏進那個地方，所謂的老「家」。到了醫院，爸爸還是一如往常地躺在床上，媽媽則是在一旁陪伴。她淡淡地問媽媽：「怎麼會想要我回來？那個人不是還在嗎？」

媽媽聽到這個問題，眼淚立刻就掉了下來。「你不要再這樣說他了，你哥也不是壞人。只是……」

「只是什麼？只是不孝？」她冷笑。「所以你在這時候才會想到我？」

「不是這麼說，你也知道，爸爸以前的想法就是這樣，他覺得男生才能繼承家裡的香火，你是女生，就要忍耐一下。像媽媽，這幾十年，不也這樣過了？」媽媽含著眼淚說。

「那是你願意忍，不是我。」她沒好氣地說。「好了，先這樣。我去幫爸爸洗澡。」爸爸的神智時好時壞，好的時候，還能說上兩句話；不好的時候，就像這樣，什麼也不說，只是閉上眼睛，被動地配合別人照顧他。到了晚上，她拿了一點錢給媽媽去買晚餐，同時跟媽媽說，今天開始就輪流照顧，媽媽負責白天，她負責晚上，如果白天媽媽要看醫生或休息，就由她照顧也可以。

那天晚上，她躺在病床旁邊，翻來覆去睡不著，可能是因為第一天睡在醫院，也可能是想到了過去的事情，更可能是爸爸在病床上，偶爾會出現呻吟聲，讓她感覺很難受。

第二天，媽媽帶著早餐過來，她吃著媽媽準備的早餐，突然掉下眼淚。雖然很快地就擦掉眼淚，但是媽媽還是看到了。「對不起，關於我跟爸爸過去對你做的事。」媽媽輕聲地說。

「可是，你知道嗎？這句話我等了三十年。」她的眼淚終於控制不住。「從小開始，我就不知道為什麼你跟爸爸都不喜歡我。哥哥打我，就是我的錯；爸爸買東西回來，只有一份，我只能用他剩下的玩具。我跟爸爸撒嬌，會被他推開。甚至到後來，爸爸生病了，就立刻把他名下的不動產轉給哥哥。你在旁邊，完全冷眼看著這些事情，現在生病了，才想到要找我，這是怎麼回事？」

「那是因為，你爸說，算命的告訴他，你會剋父剋母。我也不知道是真是假，所以我當時才沒有做什麼，你不要誤會了。」媽媽的眼眶也含著眼淚。

「我沒有誤會。這是事實。我知道你們愛哥哥，不愛我，所以我也離開這個所謂的『家』了。」她冷笑。「連財產都已經分完了，不是嗎？」

「你爸的意思是說，你哥以後要負擔捧斗的義務，而且以後祭祖也是他，當然要交給他。」媽媽無力地說。

「想太多。爸爸生病到現在，他來過幾次？他每天就是用著爸爸的錢，在網路交友、玩網路遊戲、玩股票，有來看過爸爸嗎？」她一臉篤定地說。

媽媽嘆了一口氣。「所以，才需要你回來幫忙啊！你不要計較了，畢竟他也是養你的爸爸。」

「你知道一件事嗎？」她看著媽媽的眼睛。「哥哥曾經對我性侵害過。他在我十三歲的時候，拉我去廁所，說我是家裡多餘的人，他才是繼承人，我必須要為他服務。」

媽媽掩住嘴巴，倒吸一口氣問：「當時，你為什麼不說？」

「我跟爸爸說了。」她不斷地冷笑。「爸爸沒有反應，只打了我一巴掌，他說我胡說八道，叫我去死。還說，如果我去學校講，就會讓我滾出去，還會打死我。」

媽媽放聲大哭，病房裡，剩下媽媽哭泣的聲音，以及爸爸不時的喘息聲。

呂律師聊天室

為何仍有重男輕女的觀念？

有些家庭，對孩子會存在重男輕女的觀念，詭異的是，這種情節不僅父親會有，連母親也會有。這種觀念之所以存在，多數是因為傳統觀念，就像是女鬼一樣。為什麼女鬼特別多？因為臺灣習俗認為，沒結婚或是離婚的女人，如果過世，就是無人祭祀的孤魂野鬼。但是男人一定會有家屬祭祀，有得吃喝，當然就不會出來作祟。傳統觀念認為，祭祀、繼承家中血脈，都是男人的責任，女人只是家中生育與輔助的工具而已，當然衍生出重男輕女的觀念。

事實上，臺灣民法過去對於女性也多有輕蔑。除了繼承還是公平的設計外，包括家中的事務決定、戶籍歸屬、子女教養、姓氏命名，都以父親為主；而夫妻離婚時的財產分配，更體現了「男性名下的歸男性，女性名下的還是歸男性」這種精神。直到一九八七年以後，臺灣的立法才逐漸調整為男女平等。現在的立法設計，完全不論性別，子女姓氏可以跟媽媽，不一定要跟爸爸；家中事務由雙方共同決定，意見不一致就要法院介入；戶籍也一樣，不必然一定要跟夫或父；而夫妻如果離婚時的財產分配更是以公平為出發點。這一切的改變，當然與性別平等教育有關，但目前少子化現象，也是重要的催化劑，畢竟許多人都只有一個女兒，那到底要聽誰的？

「重男輕女」這種問題，大概在七十年代以後出生的父母已經不多見。雖然還是會有少數父母存著「傳宗接代」的念頭，認為男生才是寶，但多數父母反而覺得，女兒比較貼心，而且不會在意「傳統觀念」的要求。畢竟現在葬禮流行火化、子女姓氏也都可以由父母共同約定，法律規範又越來越平等，哪裡還會太多人認為兒子比較重要？問題都是在觀念，而且分成兩個層次，一個是父母的觀念，一個是自己的觀念。

父母的觀念，當然就是我們剛剛提到的「老一輩的人」怎麼想。不論時代如何改變，他們大概還是殘留過去父母留給他們的想法，也就是認為「重男輕女、天經地義」。而這種觀念一旦落實在生活裡，其實兄弟姊妹都可以感受到。如果得利的那一方（男性）不能自覺到這種不公平，那就是逼走自己姊妹。甚至當男性開始濫用父母給的優勢，自己也會不自覺地以這種方式面對下一代。當父母過世分配遺產時，這種情況最明顯，包括「爸媽說，我是長子」，或者是「爸媽說，我是男人，所以財產都是我的」等等的話，都會在葬禮的時候出現。而女性長久在這種氛圍的影響下，竟然也會不自覺地認為，這種觀念原本就是天經地義，為了家庭和諧，不要爭取權益，可能會比較好。這時候，不正確的「重男輕女」觀念，就從上一代，不知不覺地流到下一代，即便法律怎麼改變，對於習俗的影響，因此非常緩慢。

可是，從法律實務上來看，當父母有難，比例上女兒盡孝的人數並不低，長期陪伴在父母病床前，不是以財產為目的的，也是女性居多。甚至，陪伴父母的人，有時候不會是兒子，而是媳婦。其次，從法律上來看，女性在婚姻中，擁有的權利與男性完全平等。至於習俗，那是一種「未知生，焉知死」的概念，多數的習俗，都是做給活人看的，只要自己能接受，旁人的眼光其實沒有這麼重要。不論是捧斗、祭拜祖先，由女性來做，根本不會有任何問題，而純粹只是心理上的感受。為了這種心理感受，而讓自己的兒女鬥爭，甚至為此而老死不相往來，一點意義也沒有。如果兄弟會利用這種優勢，而去欺負其他姊妹，那就更等而下之了。

重男輕女的觀念，對於家庭和諧一點也沒有意義，而當我們年老，可以陪伴我們的孩子，不見得是男性。為自己好、為家庭好，請把兒子與女兒等量齊觀，否則受害的人，最終都是自己。

兩個女人的戰爭

她心疼孫子哭到上氣不接下氣，沒敲門就進去他們房間，就看到媳婦只穿著內衣，正在刷牙洗臉，看到她進門，臉色臭得跟什麼一樣。這不是她家嗎？

她其實不能理解，為什麼兒子的老婆，對她充滿了敵意。

從媳婦嫁過來家裡的第一天，她就跟媳婦說：「我們家會把你當親生女兒一樣看待。」可是，隨著媳婦進門以後，她越來越覺得不對勁。她想把媳婦當作女兒看，但是媳婦卻沒有盡到女兒的義務。

從家事開始說好了。媳婦平常得要工作，就跟兒子一樣。她也沒有要求他們得要給孝親費，但是同住在一起，總得要分攤家事工作。兒子平常上班很辛苦，也就算了。但是這個媳婦，只希望她做最基本的掃地、擦地，都經常忘記。兒子的衣服，也是由這個老媽媽繼續洗，媳婦竟然只處理自己的內衣褲。至少，兒子的起居應該由媳婦照顧好，這是最基本的，但是她做了什麼？連洗衣服都得要婆婆幫忙，這是什麼樣的媳婦？

假日，總可以比較有空了？並沒有。一到假日，至少睡到早上十點，才會聽見他們的房間裡有說話的聲音。有次問兒子，他們到底都幾點睡，他竟然說，他老婆看日劇看到半夜兩點。有次她覺得孫子在哭，她原本想讓他們夫妻自己處理，但實在哭了很久，她心疼孫子哭到上氣不接下氣，沒敲門就進去他們房間，就看到媳婦只穿著內衣，正在刷牙洗臉，看到她進門，臉色臭得跟什麼一樣。這不是她家嗎？媳婦怎麼有資格對公婆擺臭臉？

想到這些事，她的怒氣就更多了。媳婦進他們家門，她也願意把媳婦當女兒看。可是，媳婦有把她當媽媽嗎？媳婦家在新北市，他們家是在臺北市，兩邊很近沒錯，可是媳婦三天兩頭就往娘家跑。親家母難道沒教過她，一天到晚回娘家，是會帶衰娘家的。而且，媳婦自己回去也就算了，還把孫子、兒子帶回去，一回去就是兩天。哪有兒子在娘家過夜的事？又不是被招贅，憑什麼這麼常回娘家？為了這件事，她跟媳婦抱怨過一次，結果就是媳婦回嘴：「我也是人生父母養，為什麼不能回我家？」等等，她心想：「我也是把你當女兒，你已經嫁來我家，難道不能就把這裡當成自己的家嗎？」當然，只要對兒子好，就算對他們兩老不禮貌，那也無所謂。可是，媳婦對兒子好嗎？不幫兒子洗衣服；接送小孩去安親班也得要兒子去送，她去接；煮飯也是由她這個老媽子繼續做；家用他們完全不出，好像把這個家當免費的旅館，究竟是怎麼回事？

最近的導火線，就是兒子。媳婦上次跟她說，有發現兒子的手機怪怪的，好像有外面的女人跟他「曖昧」。她看了一下媳婦蒐集的「證據」，這也沒什麼，就是兩個人互相問候而已。就算有講了「我愛你」，那也就是逢場作戲。但是媳婦卻大作文章，跟兒子吵架了好幾天，還揚言要離婚。離婚？她心裡想，那就離婚吧！講難聽點，就是因為媳婦這種個性，他兒子才會往外跑。況且，媳婦就是不貼心，難道不知道，這個家有她在，外面的女人就不可能進來。她原本還想支持媳婦，但看到媳婦竟然做這麼絕，還去找律師要對兒子提告，她簡直不能忍。憑什麼告她兒子？一家人告來告去，像話嗎？

所以，前天早上，在媳婦上班前，她終於跟媳婦攤牌。她要求媳婦不能告自己兒子，如果提告，她再也不會把她當女兒看。沒想到，媳婦竟然堅持要提告，而且對於她的數落，完全冷眼以對。她終於控制不了情緒，打了媳婦好幾個巴掌，媳婦竟然當場報警，而且向警方主張要對她提出保護令的聲請，還要對她提出傷害的告訴。媳婦竟然敢對婆婆提告？難怪她兒子想要離婚，這根本就不是第三者的問題，而是這個媳婦本來就不行。她後悔當時把她當女兒看，現在後悔也來不及了。

她現在正在警察局做筆錄，先生與兒子都在旁邊安慰她。這次，她一定要兒子跟媳婦，不，這個女人離婚。即使這個女人在回娘家前，對著兒子說：「老公，我永遠愛你，不會跟你離婚的。」她要找最好的律師，讓這個女人知道厲害。什麼保護令、傷害，為了兒子，她都不會放在眼裡的。

可是，她現在還是真的不知道，為什麼媳婦可以對她這麼狠心，她明明把媳婦當作自己女兒的。

呂律師聊天室

婆媳關係，保持距離最好

婆媳關係，是婚姻關係中最難解的議題。當然，也有許多的婆媳關係相處很好，但是會走到離婚這條路時，婆媳關係往往是關鍵的一環。許多婆婆會感嘆，明明對媳婦這麼好，為什麼會真心換絕情？

最基本的問題就在於，這原本就是兩個家，卻硬要湊在一起，變成一個家。如果，真的想要讓兩個家變成一個家，也無可厚非，但是要付出的心力真的太多。特別是長輩，角色的退讓與轉換，就得要非常細膩、小心，退讓與轉換的幅度也要非常大。況且，因為媳婦要退讓的可能性比較小，所以就不是一般婆婆可以承擔得起的。為什麼？因為媳婦不是「嫁進來你們家門」，而是與兒子組成一個全新的家庭。硬要一個全新的家庭，「委曲求全」與原來的家庭合併，當然是原來的家庭要展現豁然大度的精神與行動，怎麼會是要求被合併的小家庭得聽話？

等等，為什麼是他們「委曲求全」？難道我們跟他們合併，我們就不委屈嗎？當然不，因為不論是兒子、先生、自己，要調整的範圍不大，要調整的幅度也不高，但是對於新婚的媳婦來說，她要完全地改頭換面，讓自己嘗試融入一個新家，這事情哪有這麼容易？試著想想看，以前自己怎麼走過來的？千萬不要以為，自己可以，為什麼別人不行？時代不同了，每個人都可以有自己的意見，不需要委屈。憑什麼要別人家的女兒的生活完全改變，而自己的人生卻不用大幅度調整？只不過餐桌上多一副碗筷而已，是這樣嗎？至少她以前在家，可以穿著內衣在家裡走動，現在可以嗎？真是如此，自己的老公恐怕就先心臟病發了。

這個女人進了家門，因為是全新的對象，全家都得要跟著調整，尤其是兒子。如果兒子沒有體會到媳婦的心情，很容易就會淪為婆媳關係的導火線。例如婆婆對兒子抱怨，兒子立刻轉達給太太聽，相反也是一樣。這時候，因為傳話的原因，加上兩個人本來就有誤解，這時候不會變好，只會越來越嚴重。如果兒子沒有擔當，不能把所有的衝突往自己身上攬，而是放任兩個女人繼續誤會，那麼未來衍生的問題，就是婆媳直接演變為對抗。當兒子補了一句話：「我媽人很好，一切都是你誤會了。」這時候就會如星火燎原，婆媳衝突變成在所難免。真的要一起同住，男人就要有心理準備，自己的抗壓性、協調性是不是夠高，而且可以把好處都歸給對方、壞處都由自己承擔。不能，那就是往離婚的道路前進。

因此，面對婆媳問題，如果兒子的能力不足，通常都會建議分家。距離會帶來美感，當他們不住在家裡，日常的衝突就會少。兩個人沒辦法照顧小孩，那是他們的事；兩個人沒錢租房子，那是他們的事；兩個人想要省下租金買房子，那是他們的事。兩個人吵架，那是他們的事。唯有讓兩個人的生活，變成純粹就是他們的事，問題才能解決。婆媳關係，就維持在禮貌而不失親近的情況下就好。畢竟誰也無法承擔另一個家的所有生活，一定要介入兒子的婚姻，擔心兒子過得不好，下場當然就是兒子的婚姻真的不好。況且，好不好都是他自己選的，我們擔心這麼多做什麼？

最後，別把媳婦當作自己的女兒。媳婦永遠只是姻親，變成血親是少數，我們不要想要當特例。自己的女兒，就算被媽媽打了一巴掌，過幾天就有可能忘記；但是媳婦被婆婆打一巴掌，這血海深仇，可不是一朝一夕就會釋懷。基本上，女兒與媳婦就是不一樣，要求也不會相同。當以女兒的標準來看媳婦，但是她卻不能領情，或者是，她根本就只想跟兒子打好關係，從來都不想跟婆家太密切，那就更尷尬了。婆媳關係，不需要太親密，結婚的不是婆婆，是媳婦，能保持彼此的距離，肯定是最好。

8 分別財產制、贈與和遺產繼承

血汗錢

女孩的爸爸早就過世了，而媽媽好賭，經常向女孩借錢，
女孩不想讓媽媽知道要結婚的事情。
看來這個女孩，並不是想像中這麼單純。

到現在她還是不懂，為什麼媳婦會這麼生氣。她很喜歡媳婦，也希望他們永遠在一起，只是想要保障兒子的權利而已，這樣錯了嗎？

他們夫妻只有這個孩子，因為先生有點年紀，擔心往後會被課徵遺產稅，所以早在孩子年紀還小的時候，就陸續把先生的不動產，依照每年免稅額的規定，贈與給孩子。目前為止，孩子已經完整地擁有了一間先生贈與的不動產。加上這幾年，先生陸續匯給孩子的現金，以每年兩百二十萬的額度計算，已經也有上千萬元。當然，除了節稅的目的，他們也希望孩子可以拿這筆錢好好創業，或是照顧自己的生活，他們也畢竟只有這個孩子而已。

孩子從小到大，一直都很上進，並沒有因為爸爸給孩子任何財產，而認為自己應該可以不用認真工作。大學畢業以後，也順利地進入一家公司上班，就是平凡的上班族。幾年後，兒子認識了媳婦，在交往之初，兒子就把媳婦帶回家與他們一起吃飯。在飯桌上，這個女孩表現得落落大方，不僅跟他們夫妻有說有笑，還會為兒子挾菜，飯後更是主動幫忙要洗碗。雖然最後她並沒有讓這個女孩幫忙，但這個貼心的舉動，讓她覺得這個女孩應該是有禮貌、懂事的。

隨著兒子與女孩的戀情加溫，她並沒有過問什麼，而是讓年輕人自由發展。就在去年，他們決定要去日本玩，女孩主動邀請他們一起去，而且願意幫忙出她的旅費，先生的旅費則是由兒子負擔，她簡直覺得這個女孩是天上掉下來的禮物。能夠主動想到兒子的父母，真是理想的媳婦。不過，她有問過兒子，其實可以趁這次機會，邀請「準媳婦」的爸媽一起來，也跟兒子說，要比照辦理。但是兒子對於這個邀請，並沒有多說什麼，她也就作罷。在五天的日本行當中，媳婦對她照顧得無微不至，連向來古板的先生，都希望這個女孩可以早日嫁到家裡來。因此，她向兒子開了口，要求他們盡快辦理婚事，兒子也滿口答應，這件婚事應該就這麼定了。

然而，當她要求要去女方家提親的時候，兒子卻遲遲沒有回應。等了幾天，她終於忍不住，直接問兒子，究竟怎麼回事？連提親都這樣，有什麼難言之隱嗎？這時候，兒子才吞吞吐吐地說，女孩的爸爸早就過世了，而媽媽好賭，經常向女孩借錢，女孩不想讓媽媽知道要結婚的事情。她一聽就覺得事有蹊蹺，如果是這樣，那麼婚事就得暫緩，看來這個女孩，並不是想像中這麼單純。日後，會不會因為她家的財務狀況，影響到兒子？想了很久，也想不出什麼辦法，現在要禁止他們結婚，似乎不切實際。她在詢問過一位律師後，有了新想法。如果真的要結婚，看來只有要求他們在結婚後，採行分別財產制，才能解決問題。

她問了兒子，兒子對於這件事不置可否，只要求她別管他們之間的事情。而隨著婚禮的時間逼近，她越發焦躁不安，她心裡想，難怪先前表現得這麼好，就是對她兒子有所圖，想要藉由結婚，解決她的財務問題。如果這女人堅持要跟兒子結婚，又不願意簽署分別財產制，那麼這門婚事，她肯定不同意。既然兒子不肯講明白，為了兒子，她得親自跟這個女人談談。於是，她打了電話給準媳婦，希望可以跟她約時間見面。想不到，這個女人竟然在電話裡，直接拒絕她。這個女人竟然說，這件事情是自己跟先生的事情，她不會拿先生的一毛錢去還她媽的債，請婆婆不要管這件事。

這就怪了！還沒進門，憑什麼「先生」來「先生」去。而且，如果真的心裡沒鬼，為什麼不願意簽署分別財產制？明明就是為了要她兒子的財產，所以才會拒絕這件事。原本她以為這個女孩子很單純、很有禮貌，現在完全都破滅了。她一定要阻止這門婚事，無論如何，這個女人不願意跟兒子採取分別財產制，那就別想進她家的門。不能讓兒子的財產，在他們離婚的時候，分給這個女人一半，絕對不行！這可是她先生留給兒子的血汗錢！

呂律師聊天室

開口要求子女簽分別財產制前要思考的事

在遺產規劃裡，為了避免遺產稅，很多長輩會傾向把財產提早過戶給孩子。原本這樣的設計，只要符合稅法規範，也不是什麼問題。可是，隨著孩子長大，論及婚嫁之時，就會有長輩擔心，未來如果他們結婚，會不會影響自己孩子的財產，必須分給對方，這樣豈不是浪費了先前的用心？其實，關於這個問題，一點也不需要擔心，原因在於民法已經有完整的保障。

根據民法規定，夫妻兩人在離婚時，確實要分配剩餘財產。所謂的剩餘財產，就是夫妻在婚姻關係存續間，兩人所累積的財產，多的人要給少的人差額半數。然而，一方透過贈與、繼承、損害賠償等所取得的財產，以及婚前的財產，完全不能納入計算。從這個規定來看，不論是孩子婚前或婚後，贈與給孩子的財產，其實孩子的配偶都無權透過剩餘財產分配取得。因此，如果擔心孩子因為長輩贈與而所獲得的財產，被配偶分走，恐怕是多慮了。

那麼，如果這個孩子的賺錢能力很強，他們夫妻不採取分別財產制，豈不是對自己孩子不利嗎？有利或不利，這種事情其實不是我們當父母的人可以判斷的，因為夫妻生活，是他們自己在過。只要不是分配到自己給孩子的財產，而是分配孩子自己賺的財產，事實上我們本來就不能管，也不該管。如果他們有一方擔心，當然可以自己去簽署分別財產制的約定，不用到法院，只要有書面就可以。只是如果到法院登記，可以對抗第三人而已，但是就兩個人不能主張分配剩餘財產這件事，其實並沒有影響。

那麼，當我們跟孩子的配偶，要求他們必須先做這件事才好結婚，為什麼孩子的配偶有可能會生氣，甚至可能會因此而不結婚，或是對婆家、娘家的印象非常不好，主要的問題在於信任。這件事跟配偶主動要求採取分別財產制的效果一樣，而且打擊面更大，因為代表整個娘家或婆家，在暗示這個人就是想要「肖想」我們家、我兒子女兒的財產，對於配偶而言，打擊當然很大。在還沒結婚之前就不信任，那麼結婚的意義何在？其實，長輩可能是基於愛護自己的孩子的心意，但是一旦開口，對方願意簽署，那是賭氣；不願意簽署，關係就會完全弄僵。因此，如果是擔心孩子的財產會被分走，而要求對方簽署分別財產制，在法律上沒意義，在生活上也會造成很大的困擾，這是長輩在開口前，必須要思考的議題。

況且，簽署了分別財產制，也不代表什麼。畢竟配偶無論如何都還是會有遺產繼承權，一旦自己的孩子先走，配偶就在遺產分配的當然順位。他們如果有孩子，那就會依法由配偶與直系血親卑親屬繼承，根本與父母無關。當繼承時，就不區分究竟是不是贈與、繼承、損害賠償、婚前婚後，一律都要納入繼承的範圍內。與其擔心離婚，不如擔心死亡。可是，死亡又不是我們能決定的，繼續思考下去，是不是乾脆不要結婚就好了？不然只要是配偶，就能夠取得孩子往後的遺產，這不是很悲哀？更別說，如果是在婚姻關係中，夫妻之間贈與，免課徵贈與稅，孩子如果想要把繼承、贈與所得的資產，贈與給配偶，贈與人完全無能為力。想這麼多，會不會更進一步，其實把財產收回就好，不要考慮節稅的問題了，否則夜長夢多，總有可能被分走。

然而，這樣的思考模式，會不會過於負面？婚姻的基礎在於信任，不是財產。孩子本來終究會長大，也會面臨單身或結婚、離婚的選擇。既然要把財產過戶給孩子，就要有放手的心理準備。如果不能放手，就該把財產放在自己的手掌心。而不是把財產交給孩子以後，又擔心孩子的財產會被那個女人或男人騙走、分走，這樣的想法，不會讓事情更好，而是會讓女婿、媳婦心裡有疙瘩，連帶影響到以後他們跟婆家、娘家的關係。其實，關於這些財產上的事情，給了就要放手，既然放手，就讓他們自己去處理與協商，預先想像「別人跟孩子結婚，就是要來家裡騙錢的人」，對於家族、孩子，都不會是好事。

新成員

原本，她跟媳婦相敬如賓，現在為了孫子，
她開始感受到媳婦對她鋪天蓋地的批評。
她終於忍不住，跟兒子說，
如果真的不喜歡她照顧孫子，他們可以搬出去。

最近，她一直在考慮，要不要把兒子一家人都趕出家門，因為她已經不知道怎麼做，才是對全家人都好。原本，兒子結婚時，她就希望他們不要住在家裡，因為相聚機會多、衝突就多。但是兒子告訴她，現在才剛結婚，工作也沒幾年，身上存下來的錢並不夠多，還無法付得起房屋的頭期款，希望可以繼續住在家裡。她想想兒子說的話也對，為了他們家往後可以買房子，跟先生商量以後，就讓他們一起住在家裡。起初，大家都還是相安無事，兒子與媳婦，每天上班下班，媳婦下班以後，收拾完餐桌，就進去房間裡。她心想，不吵架就好，也沒有抱怨什麼。相敬如賓，大概是兒子還沒搬出去前，她最希望的相處模式。

不過，話說是要存錢，竟然也過了三年，看來兒子好像還是沒存到錢。每個月兒子總是跟她抱怨，信用卡帳單得要分期付款，看來短時間要他們搬出去，是沒指望了。而就在這時候，兒子竟然跟她說，家裡即將增加一個新成員，老婆已經懷孕三個月了。她聽到這個消息，當然非常開心，不過隨之而來的問題，就是生下孩子後增加的開銷。雖然他們夫妻是雙薪，但是按照以前寅吃卯糧的情況，看來只會越來越吃力。他們住在家裡，不用負擔房租、水電、瓦斯、管理費，如果回家吃晚餐，還是這個老媽子在款待他們，現在多了孩子，應該怎麼辦？一則以喜、一則以憂，大概就是這種感覺。

孩子出生後，兒子立刻跟她「借」了一筆錢，讓媳婦去坐月子中心。原本她希望可以讓她幫媳婦坐月子，但是媳婦拒絕了。她只好跟先生商量，把家裡的一筆定存解掉，讓兒子去付錢。兒子本來還想要叫媳婦負擔一半，被她罵到臭頭。她跟兒子說，要付就全部付，為什麼還要人家付一半？不過，紛至沓來的帳單，還是讓她兒子開始煩惱。特別是孩子已經出生，要不要找保母，就成為她得要煩惱的問題。為什麼是由她煩惱，因為兒子已經明白告訴她，他們兩個人目前的經濟狀況不是很理想，他與老婆都不會請育嬰假。既然不請育嬰假，意味著孩子必須要有人照顧，她不照顧，就得請保母，要請保母，就得要有錢，但是兒子與媳婦都沒錢，那麼應該要誰來處理？

她與先生左思右想，考慮了很久。後來，兩個人做出了決定，由他們來照顧孫子。反正先生已經呈現半退休狀態，轉任公司顧問，而她身體還行，應該可以有能力照顧孫子。因此，在媳婦坐完月子後，他們就接手照顧小孩。剛開始，其實手忙腳亂，畢竟她已經有將近三十年沒帶過小孩，但是，孫子的牙牙學語，讓她忘記疲憊。為了讓他們有充足的睡眠，怕孫子吵到他們，兒子與媳婦並不與孩子同睡，而是與爺爺奶奶一起在同一個房間。他們夫妻倆就是下班以後跟孩子玩，也會餵孩子吃飯、幫孩子洗澡，之後就由她接手，讓他們一覺到天亮。

然而，隨著孫子越來越大，媳婦的意見越來越多。小孩在哭，她會馬上過去安撫，但媳婦卻不開心，認為她太寵孫子。她買了零食給孫子吃，媳婦會皺眉頭，因為吃這些東西「好像」會導致小孩過敏。孩子搗亂，她覺得孩子不要打，她從沒打過自己的孩子，但是媳婦認為，該管教不管教，以後孩子會沒教養。孩子生病，她帶孫子去拜拜，媳婦事後怪她，為什麼帶去那種烏煙瘴氣的地方，而且篤信這種怪力亂神。原本，她跟媳婦相敬如賓，現在為了孫子，她開始感受到媳婦對她鋪天蓋地的批評。她終於忍不住，跟兒子說，如果真的不喜歡她照顧孫子，他們可以搬出去，這樣兩邊都會清靜一點。然而，兒子告訴她，現在還在存錢，存夠了就可以搬出去。她終於忍不住，對兒子生氣了。

「存錢也存了五、六年，你們夫妻把錢存到哪裡去了？」她說。

「存錢就很難，又不像你們，年輕的時候趁房價便宜，買了這個房子。我們現在就是有經濟困難，才會拜託你們，你以為我們不想搬出去嗎？」兒子委屈地說。

兒子委屈，她也覺得委屈，現在到底該怎麼辦？

呂律師聊天室

放手是最好的選擇

目前大家都有一種普遍印象，買房大不易，所以即便兒女已經結婚，如果兒女暫時沒辦法買房子，而家裡還能多容納一個人，那就先考慮住在家裡，日後等到兒女有頭期款，或是父母有能力贊助兒女頭期款再搬出去。這樣的算計，在為孩子著想的前提下，而家中又有足夠的空間讓新婚夫妻居住，當然無可厚非。可是，在兒女就是存不到錢的時候，應該讓他們夫妻繼續住在家裡嗎？

如果家裡空間夠大、經濟能力還行、自己又想要享受「三代同堂」的「幸福感」，兒女跟他們的配偶，「都」想要繼續住在家裡，那當然好。可是重點在於「都」，如果只是兒女想要，但兒女的配偶不要，那就應該當作他們「都」不要，而不是以兒女的意見為主。畢竟我們最應該尊重意見的人，是「委屈」自己寄人籬下的那個人，並不是自己的兒女。這時候，關於兒女成立的新家衍生的家庭工作，就變成父母得要自願承擔，或是雖然非自願，但也得做。既然歡喜做，那就甘願受，沒什麼好抱怨的。

可是，如果家裡已經太擁擠，也沒辦法負擔或分攤孩子的支出，這時候就得要思考，這樣繼續讓孩子住在家裡，究竟是對孩子好，還是在培養孩子永遠長不大？畢竟決定結婚的人是他，在沒有經濟基礎上，貿然決定結婚，那麼就得要承擔代價，而不是把代價丟給父母，讓父母去承擔。換言之，當自己已經沒有能力承載孩子的開銷，那就得要趕孩子出門，以保持自己的生活品質。當我們年老，該優先照顧的人是自己，而不是心態上還沒長大的孩子。請不要寵壞孩子以後，再對孩子說，你真的太壞了。況且，當孩子有了孫子，挑戰就更大了，我們立即又要面對，該不該幫忙照顧孫子的議題。

原則上，當然不要幫忙。就像是我們自己在照顧孩子的時候，也不會喜歡別人插手一樣，媳婦在教養孩子時，也不會希望公婆插手。因此，大原則就是不幫忙，讓他們自己處理。免得往後媳婦、女婿認為，老人家用不合時宜的方式，干擾他們教育孩子，惹得一身腥。但是，有些時候，當兒女要求我們幫忙的時候，卻又不忍心，畢竟他們的經濟狀況不好，如果不幫忙，「好像」說不過去。這樣的說法也沒錯，不過前提還是在於，除非自己的兒女「主動」要求，否則也絕對不要幫忙。而且，就算要幫忙，也是以對方意見為主，我們的角色，就是輔助，只有跑腿的分兒，沒有決策的權。為什麼？

因為，孫子與孩子不一樣。好聽一點，人家說我們隔代教養；難聽一點，人家說我們越俎代庖。我們可以直接管教我們的孩子，可是關於孫子，就只能尊重他父母的決定，怎麼能用自己的方法教育孫子？畢竟這是他們的孩子，好或不好，都是他們應該承擔，而不是我們應該負責的。所以，不幫忙是上策，如果要幫忙，就得要認清事實，我們不該干涉孫子的任何教育與養護，而是由他們的父母，也就是我們的兒女，自己去決定。

不願意接受？那麼放手是最好的選擇。事實上，到了熟年期以後，要理會的事情越少越好。兒女沒錢買房子？那是他的事，不用拿自己的老本「借」他或給他，那只會讓自己對兒女的得失心更重而已。兒女沒有錢結婚，那也是他的問題，都已經成年了，沒錢卻要結婚，所有增加的開銷，沒道理還要老父母幫他一肩扛起。兒女沒時間帶小孩？那就建議他們先不要生，或者夫妻自己想辦法請育嬰假，而不是直接下場幫忙帶小孩。如果因為自己被情緒勒索，因此不能把人我界線確認好，這時候，吃力不討好的是自己，往後生氣的人，也會是自己。不要讓孩子變成巨嬰，而自己卻變成孩子永遠的保母。

10 性別重新安置同意書

你還會愛我嗎？

在二十五歲生日那一天，兒子突然約了她與先生一起吃飯。
她心裡很疑惑，因為兒子在成年以後，
就不跟家裡過生日了。

她已經忘記是什麼時候，才知道兒子的性向。可是，她對於國中階段，在孩子身上發生的事情，卻印象深刻。她在上班時間，接到老師的通知，告訴她孩子在學校被同學欺負，她從來沒聽過這些事，頓時感到恐慌。她立刻放下手邊的工作，到學校看孩子。孩子倔強地一句話也不肯說，那幾個欺負他的同學則是站在教室後面罰站。她問了老師，才知道原來是他在廁所裡，被同學脫掉褲子，用手指彈他的生殖器。她詢問了老師，為什麼會這樣？老師搖搖頭，指著那群學生說：「這件事，你兒子都不講話，但是他們說，想看看你兒子是不是女生。」

女生？這也太過分。兒子雖然長相清秀了點，但是一點都不像女生。而且，兒子只是瘦弱，雖然不高，但小時候也學過跆拳道，怎麼會被這些學生欺負？她在帶孩子回家以後，問了他，到底發生什麼事。起初他什麼也不說，後來在她與先生的逼問下，他冷冷地說了一段話：「他們是真的想要知道，我是不是女生，還要脫我褲子，所以我打了他們。」先生跟她聽完後，對於他的冷漠，簡直目瞪口呆。後來，那些學生的家長來跟他們家道歉，事情也就不了了之，但是她對於那件事，一直印象深刻。到了高中，孩子喜歡運動、喜歡念書，但就是不交女朋友。她曾經試探過孩子，有沒有喜歡的女生，可以帶回家，孩子只是微笑搖頭，什麼也不說。她也當作孩子就是認真念書，並沒有多問。她買的玩具，兒子從來就只是看一眼放著。他曾經想要芭比娃娃，但是先生一口回絕。「男人，玩什麼娃娃！」

大學以後，他仍然沒有對象，也從來沒有帶過女孩子回家，偶爾曾經有男生跟他一起在家，兩個人就會在房間裡打電動一下午，直到她要他們出來吃飯為止。在她的印象中，先生曾經看到同志大遊行，指著電視說：「妖魔鬼怪上街頭，人要是不照天理，天就不照甲子。」兒子會突然變得臉色很難看。兒子曾經問過先生：「如果，我是說如果，我是電視上的妖魔鬼怪，你還會愛我嗎？」先生沒有正面回答他的問題，但是斬釘截鐵地說：「你不可以是。」兒子只是淡淡地微笑，沒有進一步追問。但是，以她瞭解兒子的程度，她知道孩子當時的心裡面是憂傷的。

在二十五歲生日那一天，兒子突然約了她與先生一起吃飯。她心裡很疑惑，因為兒子在成年以後，就不跟家裡過生日了。當天，他們約在一家高級餐廳，地點是兒子訂的，而且事先說好，要由他請客。她與先生興高采烈地赴約，心想，大概是兒子長大了，想要給他們一個驚喜。在吃飯的過程，兒子並不多話，但是她注意到，兒子的打扮越來越「漂亮」。她心想，可能現在的年輕人都這樣，倒是先生皺了眉頭，覺得這個孩子「男不男、女不女」，到底是怎麼回事？不過她拉了先生的衣袖，要他不要多講話。只是，在上甜點的時候，兒子突然很嚴肅地拿了一份同意書，希望他們夫妻可以簽名。她一看，心想事情果然來了，那是一份「性別重新安置同意書」。先生看到這份同意書，怒不可抑，不顧眾人的眼光，用力拍了桌子，大聲地說：「我是不可能簽名的！」

兒子似乎早就知道這種結果，平靜地對父親說：「你知道嗎？你有一個不會笑的孩子。從小，我就被迫要當男生，可是我明明就是女生。你跟媽媽都知道，但是你們假裝不知道。你們故意讓我穿著男生的衣服、拿著男生的玩具、做著男生的事情。我已經當了二十五年的男生，也夠了。如果你不願意尊重我的想法，我還是會去做手術。這張同意書，只是讓你們知道有這件事，不簽名也沒關係，我還是媽媽的好女兒、你的好兒子。」她聽了這段話，眼淚立刻掉下來，她不知道兒子竟然過得這麼辛苦。她先生還是怒氣未消，對著兒子說：「你要我簽名，你就永遠不要給我回家。」兒子聽了這句話，嘆了口氣，可是就在兒子想要說話的時候，她開口了。

「我會簽名，你永遠都是我的孩子，我只希望你快樂。」

呂律師聊天室

不論兒子或是女兒，都是最親愛的孩子

跨性別並不是人生中少見的情形，平均每千人大概就有一名是跨性別者。以臺灣的人口比例來說，至少有兩萬三千人以上是跨性別者。對於這些族群來說，許多人不僅是要承擔自己在社會壓力下的考驗，也同時承載著家人、朋友對他們的期望與失望。

在討論這件事之前，我們先來看一段演講。近年來，跨性別者轉換性別後，是否可以參加運動比賽，一直是體壇爭議的焦點。在美國各州偶有公民投票要求禁止跨性別者參與運動賽事，有位律師鮑威爾（Brandon Boulware）發表了一段告白，他是四個孩子的爸，本身是傳統白人基督徒家庭，但是有一個孩子，就是跨性別者。因為他的演說太動人，我沒辦法寫得比他好。因此，就把這段文字作為給熟年父母面對跨性別孩子的建議：

「我是一個丈夫，也是四個孩子的爸爸，兩個男孩，兩個女孩，其中包括一個又棒又美麗的跨性別女孩。今天是她的生日，而我選擇站在這裡，她不知道我人在這裡，她以為我去上班了。當人們在討論跨性別的相關議題時，我最常聽到的話，就是『我不懂。我不瞭解。』而我想在座的各位，一定也有一些人懷抱著同樣的疑惑。我也一樣，好多年來，我就是搞不懂這些議題。

我強迫我女兒穿上男孩的衣服、剪短髮、參與男生的運動團隊。我為什麼要這樣做？就是為了保護我的小孩，我不希望她的兄弟姊妹被人嘲笑。而且說實話，這樣做也保護了我，我想要避免別人跑來問我，為什麼我兒子看起來不像個男生。我的孩子過得非常悲慘。我不是在誇大其辭，她真的過得非常慘。尤其在學校的表現，她缺乏自信、沒有朋友、沒有歡笑。我可以很誠實地說一句，我有一個不會笑的孩子。那麼多年來，我們無視老師、心理治療師和其他專家的建議，一意孤行。

我記得改變一切的那一天。我剛下班回來，見到我兒子和女兒在前面的草皮上玩，我兒子穿上了我女兒的一件洋裝，他們正要一起去找對街的鄰居小孩玩。但那時已經是晚餐時間了，所以我叫他們回屋子裡來，然後她問我可不可以到對街去，我說不行，接著她又問我，如果她回到房子裡換上男生的衣服，是不是就可以讓她出去玩了？

那一刻深深震撼了我。我女兒以為當個好孩子，就是要假裝自己是另外一個人。原來一直以來，我都在教導她否認自己。作為一個家長，我認為有一件事是我們絕對不該做的，那就是讓小孩的靈魂噤聲。自從我們允許孩子做她自己，留長髮、穿任何她想穿的衣服後，她整個人都變了。改變馬上就發生，完完全全的轉變。現在，我有了一個自信、會笑、快樂的女兒。我想讓你們瞭解，這個議題若成為了法律，將會在真實的人們身上造成真切的影響。我希望你們投下反對票。」

你的孩子不是你的孩子，他是獨立的個體。不論是跨性別者、同志或是異性戀，這都不是他的選擇，而是神給他的使命。身為父母，我們能做的就是接受，並且在身旁保護他、捍衛他的所有決定。事實上，孩子的快樂，是我們的唯一期望；如果反過來，是孩子為了我們的期望，而必須隱藏自己的性向、身分，甚至為了自己的性向與身分，而必須犧牲自己的快樂，那麼就是本末倒置了。

當孩子選擇了性別重新安置手術，我們能做的就是祝福，畢竟要能進行這種手術，必須要經過至少兩位醫師的心理評估，對孩子來說，一定是經過深思熟慮才做成的決定。身為跨性別者，他過去以及未來要承受的壓力已經夠多了，神做出的選擇，我們身為父母，就是開心地接受任何安排。畢竟，不論他是兒子，或是女兒，其實都是我們最親愛的孩子。

Chapter 3

老後的財務

單身女子的煩惱

她得先準備好未來的挑戰。

她並不想跟孩子請求扶養費，覺得對自己負責比較重要，

這年頭，沒有人可以為別人的生活負責。

她從小就沒有跟任何人結婚的念頭，更沒有對婚紗那種無謂的想像。畢竟從小，她就看到父母不斷地爭吵，對她來說，婚姻只是強迫兩個不合的人在一起而已，可以談戀愛，但是不需要結婚。她曾經自嘲地說：「結婚只是為了離婚做準備，何必要走這一遭？」曾經談過幾次戀愛，但當對方透露出想結婚的念頭，她就會果斷地表明自己的想法，對方不能接受就分手，因為她也不想耽誤人家。不過，先前她曾經與男友生了一個孩子，因為工作忙，她把監護權給對方行使，只是定期去探視，也給了定額的扶養費。

平常的生活，大概就是上班為主，畢竟她在廣告公司擔任高階主管，工時很長、薪水不少。下班以後，就奔回她溫暖的家。這個家，是她花了很多錢裝潢而來的，雖然不大，但是貸款已經付清，至少不會有被房東趕來趕去的煩惱。她喜歡下班以後、放假整天，都待在房子裡，喝杯紅酒、追著日劇、做點重訓，過著無所事事的生活。話雖如此，她也開始未雨綢繆，有存點錢，畢竟年老以後，可能會面臨退休的議題，她得先準備好未來的挑戰。她並不想跟孩子請求扶養費，覺得對自己負責比較重要，這年頭，沒有人可以為別人的生活負責。

不過，最近的日子不太美麗，因為很久不見的媽媽，竟然打電話給她，希望能找她吃飯。她還沒見面，就從電話另一端感受到一股借錢的氣息。果然，她們約在公司附近的餐廳吃中餐，媽媽見面沒幾分鐘，就跟她抱怨爸爸的年金被砍，家裡的生活不好過，妹妹已經結婚，也不方便向妹妹開口，只好向她借錢。或者是，往後可以定期給他們扶養費。她算了一下自己的開銷，發現有點危險，如果給她扶養費，或是一筆錢，就算要勉強給，日後他們也可能還會來要，她不知道是不是該給。媽媽看她面有難色，非常不高興，直抱怨白養了這個女兒，要不是妹妹已婚，要照顧孩子，他們才不會向她開口之類的話。但是，提到妹妹已婚，她只覺得莫名其妙，為什麼妹妹已婚，她未婚，她就得要多付一點家庭責任？而且她也有孩子要扶養，只是沒結婚而已。更何況，他們兩個老人家還有房子，為什麼一定要勉強她負擔家庭生活費用？媽媽眼見借錢很難，飯也不吃完，就直接離席走人。

事實上，不只這個問題，因為她最近也發現，自己的投資出了些狀況。過去她把存款放在股票居多，但是最近股市的情況不太穩定，已經虧損了兩成，雖然說沒有賣就不算虧，但總是覺得心驚膽跳。她不知道未來要退休，財務規劃到底應該要從哪裡著手，才不會落得下流老人的地步。現在演變成，要停損，覺得捨不得；要保留，又怕是股災。雖然她現在還有房子，但是財務規劃的煩惱，卻讓她不知道該從何著手。不過，最重要的隱憂，還是她的孩子。

她與前男友的孩子，現在才國小階段，離成年還有一段時間。可是，她與前男友的關係並不融洽，或者說，她覺得前男友在工作、理財規劃上都不認真。萬一她要是過世，現在所有的個人資產，依據法律規定都會由她的孩子繼承。可是，孩子的法定代理人，就是她的前男友。如此一來，她過世以後，前男友就可以名正言順地處分她所有的財產。畢竟在孩子未成年之前，財務是不能自主的，而是由孩子的法定代理人管理處分。她想到這一點，就覺得毛骨悚然，她這麼認真，除了給自己好一點的生活，就是希望至少未來在孩子成年後，可以繼承她的資產，讓孩子好過一些，結果現在是讓這個男人好過一些，這肯定不是她要的結果。

想到家裡的媽媽要跟她請求扶養費、想到最近的資產配置出了這麼多問題、想到如果過世，孩子的爹可以取得她所有的財產，她覺得非常心煩，決定把這瓶紅酒喝完，第二天再來想想，到底應該怎麼辦。

呂律師聊天室

單身如何避免財產被別人利用？

單身，是一種選擇，而這樣的選擇並沒有任何錯，只是在少子化的現在，許多人會把兩件不相干的事情放在一起討論而已。事實上，單身也可以有孩子，跟結婚一點關係也沒有。此外，不論單身或結婚，要考慮的財務問題都不少，而未婚生子或是離婚有孩子，如果對於前夫或前妻放心不下，也有相關的法律議題需要注意。

健康與財務，是熟年者必須在意的兩個最重要議題，而且兩者之間通常呈現正相關，規律的生活，對於兩者都相當重要。健康自然不必說，必須要有持續的運動與照護。而就財務而言，除非是爸媽留有恆產，而且願意給兒女繼承，否則要仰賴目前僅有百分之一的定存利息，存到年老時的退休金，其實相當不容易。單身者經常會被認為沒有家庭拖累，所以可以有比較多空間存錢，但是如果沒有自律的精神，其實花錢永遠比賺錢快，存錢並不是容易的事。

單身者的財務規劃要儘早，首先就是得做好定期定額投資，這部分可以考慮投資長期性的績優基金，只要設定固定金額，在退休時也可以累積相當的資產，但是不要任意加碼、退出，畢竟這是長期投資，不要以一時漲跌作為標準。至於投資項目，越多元越好，可以區分為長期與短期投資；長期部分可以考慮不動產，短期部分可以考慮股票，但是這都要行有餘力才去進行。年金也是一種可以考慮的方式，年金大致上可以區分為即期型與遞延型，都適合單身且有工作收入者。離退休時間還很長的單身者，可以選擇遞延型，這類工具雖然報酬率不高，但若把規劃的時間拉長，每期投入金額加大一些，還是可以達到補足社會退休金不足的所得替代率，讓退休生活有更好的品質。原則上，單身者確實會比已婚者有更多的空間、彈性與自由去規劃退休時的財務，但是往往在沒有家庭壓力下，更容易對財務規劃掉以輕心，因此，只能說單身者對於財務必須更自律，才能讓退休的財務規劃更安全。

當然，人生最悲傷的事，就是錢還沒花光人已經死了；以及錢花光了人還沒死。如果不是投胎得好，就是得要靠努力工作與機運才能避免錢花光；而錢沒花光，就必須要設計遺囑。透過遺囑，當然可以讓財產給予自己喜愛的人，或是自己的親人。可是，人生往往不會這麼順利，如果有孩子，但是孩子卻由自己討厭的人行使親權，到底應該怎麼做，才能避免自己的財產被這個人利用？大致上來說，可以從遺贈、保險金信託、信託三種方面著手：

遺贈，就是在遺囑上指定將特定金額或財產贈與給信任的親人或朋友，這個親人或朋友在未來得擔負起照顧小孩，或是把這些金額給孩子的責任。這方式是一種「附條件的贈與」，也就是在贈與的金額範圍內，只要這個親人或朋友願意接受，就要承擔責任。這時候，就可以在不違反特留分的金額內，保護自己的孩子。只不過，遺贈金額不能高於特留分，這是採用這種方法的最大缺點，當然，這點事先也要跟親人或朋友溝通好才行，否則對方在我們死後拒絕就尷尬了。

第二種情況是信託，同樣以遺囑設立信託帳戶，指定可以信任的人為受託人，把所有的財產都移轉給受託人，受益人則指定子女。在信託契約裡，可以約定受託人應該以信託財產的所得，照顧子女生活，當子女成年以後，再將財產移轉至子女名下。這種方法可以避免遺贈帶來的特留分與被指定人反悔的問題，也有法律保障，相對來說比較理想。如果要選擇受託人，一般親友都可以擔任信託契約裡的受託人，並不必然要律師。當然也有銀行兼營信託業務。就委託親友而言，處理方式可以更有彈性，比起銀行，費用或許也會比較低廉。但是，如果所託非人，往後也只能讓未成年子女對受託人提告，甚至受託人如果在未成年子女成年前就過世，信託契約就會結束。至於後者，當然法律上的保障更高，不過會有較高額的信託費用產生。

最後一種方式，稱之為保險金信託。當自己名下的財產不多，可以運用壽險性質的保險金契約，受益人就是未成年子女。當自己身故時，就可以由未成年子女領取保險理賠，並且一併簽署保險金信託契約，避免被孩子的監護人不當運用。而在保險金契約中，可以約定專款專用在某些特定的項目中，並且由親人擔任監察人，在保險金撥付時，會直接轉入受託銀行財產專戶，由受託銀行依信託契約內容代為管理運用。這是在財產不多的情況下，運用保險來保障未成年人的做法。

單身的財務規劃，其實相當重要，特別是當自己有孩子的時候，就更要注意身後事。雖說人死後一了百了，但如果可以透過規劃，少一些自己掛念的事，該做的就盡快去做。

夢一場

她聽到這些話，差點沒昏倒。
這些錢明明就不是她用的，
為什麼只因為結婚就要替他還債？

在結婚之前，她以為這個男人可以給彼此一個穩定的生活。至少在地下錢莊出現之前，她是真心這麼認為的。他們認識的時間很短，大約只有四個月就決定結婚。如果問她，結婚前有沒有考慮過這個男人的經濟狀況，會不會拖累這個新家庭？她會很肯定地說，當然有。至少就這個男人自己說的話，跟她旁敲側擊的觀察，應該是沒問題。

什麼意思呢？這位老兄，在談戀愛的時候，說自己在一家規模不小的公司當總經理，月薪大約有二十萬。每次約會，也都會開著一臺奔馳房車來接她。當決定要結婚前，她曾經去過他家，他明確地對她說，這是爸爸留給他的房子，往後這就會是他們的家。她沒想要找一個金龜婿，只想要有一個安定的家，至少不會被經濟拖累整個家的經營。在意亂情迷的情況下，他們果真結婚了，即使所有的姊妹們都勸她，可以再觀察看看。但是她心想，有什麼好觀察的，他看起來人不錯、經濟狀況穩定，自己也三十歲，是該走入婚姻的時候了。

在舉辦婚禮的時候，她就已經覺得詭異。因為他竟然要求，先跟她「借」婚禮的支出，之後等公司的營運正常再「還」她。懷孕以後，他幾乎沒辦法陪她去產檢，據說是因為公司很忙，但是在家總是在滑手機玩遊戲。等到孩子出生，得要去坐月子中心，他同樣跟她「借」了這筆錢，等以後再「還」她。結婚到現在，她覺得像是一個人要處理所有的事情一樣，不過，或許是這個男人事業出現瓶頸，夫妻要共同承擔，所以她也沒多說什麼話。直到那天，他把手機意外地留在家裡。在結婚前，他們都約定不能鎖密碼，但是她從來沒去看過他的手機。不知道哪裡來的好奇心，她突然想要看看他的訊息內容，開始都沒什麼不正常的地方，但是她看到一個對話框，上面寫著「妹妹」，她心想，先生哪來的妹妹，點開來以後發現，竟然是前女友跟他聯繫，而且兩個人在他舉辦婚禮的前一天，竟然還一起去開房間。

因為手機沒帶，先生匆忙地趕回家，只見到她一臉鐵青。他大概知道發生什麼事，一直跟她道歉，強調那是結婚前的事情，婚後他們再也沒聯繫了。她沒有理會他，轉身進房門，把自己鎖在裡面大哭一場。不過，有些事情不是大哭一場就能解決的，配偶外遇是如此，配偶欠債更是如此。接下來幾天，他們都沒有對話，正當她在認真思考，要不要請求離婚的時候，下一個噩耗出現了。那天是星期天，她不用上班，而先生一大早就不見蹤影。突然有人按門鈴，她以為又是先生忘了帶什麼東西出門，結果門口有三個穿西裝打領帶的年輕人，詢問她先生在不在家。她覺得非常疑惑，於是問了對方有什麼事。對方拿了一張三百萬元的本票，上面還有先生的簽名。她看了日期，竟然是在剛認識先生的時候，他所簽的名。

他們知道她是配偶以後，客氣地跟她說，因為夫妻是法定財產制，財產當然可以共享，但是負債也要共同承擔。他先生跟他們借了一千萬元，這只是第一張本票，往後還有兩張要處理。他們想瞭解太太的想法，是不是願意替他先生還債？否則，他們就會委請律師向太太提告。她聽到這些話，差點沒昏倒。這些錢明明就不是她用的，為什麼只因為結婚就要替他還債？她無力地答應他們，願意想想辦法。他們希望她可以簽另一張本票，承諾為先生還債，就會暫時放過他們。她雖然心煩意亂，但還是把他們先送出家門，想跟先生討論一下再處理。

晚上，先生終於喝得醉醺醺地回家，她問了先生關於借款的事情，而且希望先生可以把房子賣掉還債，沒想到先生一攤手，告訴她，這間房子是爸爸留給他的沒錯，但已經貸款全部額滿，就是因為這樣，他才會去跟地下錢莊借錢。她聽了非常生氣，因為代表他婚前跟她說的話，全部都是假的。他則是反脣相譏，原來結婚對她來說，也只是要錢而已。她掩面大哭，心裡想，我不要他的錢，我只是要安穩的婚姻而已，有這麼困難嗎？

呂律師聊天室

婚前就應該瞭解配偶的財務狀況

俗話說：「婚前腦袋進的水，等於婚後眼睛流的淚。」結婚，在法律上是一件大事，畢竟這種法律上的契約，會讓原本沒有血緣關係的兩個人，變成有法律關係的一家人。因此，千萬不要因為「時間到了」、「想要脫離原生家庭」、「兩個人有孩子」等等與愛情無關的原因而結婚。畢竟結婚容易、離婚難，而且兩個人在婚姻關係存續期間的財務、人際關係都錯綜複雜，不會是一時就能釐清。

不論在戲劇裡，或是現實生活中，總會有所謂的「嫁給富二代」的傳奇故事。戲劇裡，當然就是恩怨情仇、衣香鬢影，但是在現實生活中，並沒有這麼好過。例如前藝人彭雪芬與吳東亮的婚事，就是如此。當年，彭雪芬與台新金控董事長吳東亮結婚，嫁入新光吳家的時候，創辦人吳火獅認為，彭雪芬在婚前與一些男藝人有曖昧的關係，曾經要求彭雪芬不可和吳家人同桌吃飯。後來，吳東亮被胡關寶集團綁架，吳家人六神無主，而彭雪芬當時又子宮外孕，她還是盡力營救丈夫，在過程中即使身體極為不適，但是彭雪芬依然冷靜沉著，最後吳東亮平安歸來，此後吳家對她另眼相待。

豪門的規矩多、應酬多、關係多，唯一少的就是錢。特別是第二代，倘若所有的錢都是父母給的，朕沒給的，太子當然不能要，這樣的太子妃是不是太辛苦？即便皇上願意給，在法律上也叫做贈與。而根據民法規定，贈與的財產不列入夫妻剩餘財產分配的範圍內，換句話說，將來太子與太子妃如果不幸離婚，縱然皇上把圓明園給了太子，對於太子妃來說，也不過是一座廢墟。進了豪門，要陪同應酬，要謹言慎行，要失去自我，唯一有的，就是等到老公過世，才能熬成真正的皇太后，分到老公的遺產。在這漫長的數十年間，只有忍耐二字，一旦離婚，什麼都是贈與，什麼都分不到，回頭卻是一場空，如果沒有那種耐力、能力，忍耐到配偶終老，「嫁入」豪門到底有什麼用？

真的要找個人相互依靠，應該是在他最落魄、最失意的時候，鼓勵他站起來。在困難中互相成長，在患難中累積財富。永遠不要為了男人丟棄自己的專長與職業，如果只是看到對方身價有多少，就嫁給對方，別忘了剩餘財產制的分配，並不能取得婚前財產、贈與及繼承所得的遺產，既然無寸土之功，何來列侯之賞？姑且不論兩個人在婚前有沒有簽署分別財產制的契約，就算沒有，當這些金額都扣除，其實配偶真正擁有的資產可能寥寥可數，主張要分配對方資產，反而可能會讓自己賠了進去。

那麼，婚前的個人負債，究竟配偶有沒有義務要處理？當然沒有，而且如果拿婚後所得來清償婚前負債，還可以請求分配「因此減少的負債一半」。即使是婚後的個人負債，配偶也沒有義務要幫忙，只是在分配財產的時候，作為個人負債，可能會讓分配額下降而已。因此，當有人前來要債，不需要把自己也賠上去，特別是為他承擔債務或簽署本票。原本兩個人的財務狀況分開，不互相影響，但是一旦承諾要為他承擔債務，或甚至直接簽署本票，債權人就因此取得配偶的新債權，這時候原本與配偶無關的事情，債權人就可以據此提告，或是去聲請本票裁定。

能瞭解配偶的財務狀況，是相當重要的事情。當然不用鉅細靡遺，可是至少要知道對方大致上的資產與負債狀況。婚姻的重要基礎，除了心理層次的愛情、親情，還有物質層次。俗話說：「貧賤夫妻百事哀」，雖然不至於到這麼悲慘，但是另一半如果負債情況嚴重，對於婚後的生活品質，勢必會產生嚴重的負面影響。結婚是用來讓兩個人更好的，畢竟沒有人願意結婚後的生活品質反而嚴重下降。我們可以不要配偶的財產，但總是沒必要讓自己的財產也陪葬下去。因此，適當瞭解配偶的經濟狀況，應該是決定要不要結婚前，相當重要的功課。

悔過書

從去年開始，他似乎又有些奇怪的舉動。
包括加班的時數變多、手機也都不離身，
經常會對著手機傻笑。她試探性地問了先生，
最近是否有什麼好事發生？但是先生只是急忙否認……

他們已經結婚十年，婚姻平淡、孩子乖巧，大概沒什麼特別問題。在結婚第五年的時候，公公過世了，先生有兩個兄弟，每個人各取得一間房子。這間房子，先生拿去出租，每個月的租金，先生交由她去收款，就存在先生的銀行帳戶裡，作為家裡的生活開銷。她自己也有工作，不過並沒有明確約定到底誰要負擔家庭生活費，大概就是房貸先生負責，孩子的安親班、教育費費用由她支出，倒是也相安無事。

不過，就像所有的老戲碼一樣，先生與工作上認識的業務發生了婚外情，在她請了徵信社，拍到他們去汽車旅館的畫面以後，先生也「大方」地承認，但是，他一再挽留她，希望可以再給他一次機會。於是，太太請律師寫了一份外遇悔過書，同意把公公留下來的房子過戶給她，並且承諾以後不會再犯，如果再犯，願意把孩子的監護權給她，並且願意淨身出戶。看在先生這麼「有誠意」的分上，她勉強同意原諒先生，在第三者頻頻喊冤，不知道先生已婚的情況，她也沒有多追究，或是對第三者提告。

外遇被發現後的幾年，先生算是「乖巧」，每天準時回家，也會一起照顧孩子，但是從去年開始，他似乎又有些奇怪的舉動。包括加班的時數變多、手機也都不離身，經常會對著手機傻笑。她試探性地問了先生，最近是否有什麼好事發生？但是先生只是急忙否認，告訴她一切都一樣，沒什麼特別的。只可惜，戀愛就像咳嗽一樣，根本就藏不住。很快的，她發現先生又跟先前外遇的對象聯繫上，而且已經有一段時間，雖然沒有上床發生關係，但也曾經出遊過幾次。在發現之後，她再度向先生攤牌，同時拿出那份悔過書，要求先生履行承諾，跟她到戶政事務所簽字離婚。

想不到，針對這次外遇，先生竟然抵死不認，而且告訴她，不過就是出遊而已，又沒有怎樣，在沒有什麼證據的情況下，他不會同意離婚的。她覺得先生簡直不可理喻，明明都已經簽字同意，她也有先生繼續跟第三者聯繫的證據，為什麼還要否認？於是，她委任了律師，對先生提出侵害配偶權的訴訟，先生當然也不甘示弱，同樣找了律師到法院處理。到了法院以後，法官安排他們調解，但是雙方律師卻在「淨身出戶」四個字上展開激烈的討論，所謂的「淨身出戶」，到底是什麼意思？先生只願意賠款十萬元，而她當然希望按照協議書上的條件，兩人又再度不歡而散。

那天晚上，她與先生又再度吵架，先生脫口說：「原來你也只是愛我的錢而已。」她則是反脣相譏：「人都沒有了，不愛錢，我要愛什麼？」最後，兩個人稍微冷靜下來以後，他總算同意離婚，孩子的監護權歸她，但是他堅持房子要還給他，因為那是爸爸的遺產，本來她就沒有資格分；或者至少要還他一半。最後，她總算說服了他，願意把全部的財產都交給她，然後離婚。第二天，她把離婚協議書寫好，內容包括離婚、監護權、拋棄剩餘財產分配等等事項都完整列出，回到娘家，交給爸爸跟姊姊簽名，然後再帶回來讓他簽名。兩個人簽名以後，直接到戶政事務所登記離婚，算是了斷了這十年的婚姻。

然而，事情似乎沒有這麼簡單。半年後，她收到了法院的開庭通知，上面寫了「確認離婚無效」，她的手微微顫抖，把法院的公函打開，發現起訴狀竟然寫著「被告準備離婚協議書時，即交給被告之父親及姊姊簽名，當時原告並未在現場，兩人也未向原告確認是否有離婚之真意，應為離婚無效。」她看到這些文字，完全不能理解，因為明明就已經去戶政事務所登記，為何還會無效？先生沒有跟他們確認離婚的真正意思？可是爸爸跟姊姊都知道狀況，為什麼還會無效？

都已經離婚了，他到底要什麼？

呂律師聊天室

婚前或贈與、繼承所得的財產該注意的事

夫妻結婚以後，在沒有以書面約定分別財產制的情況下，就會採用法定財產制。所謂的分別財產制，就是兩人的資產，與結婚無關，仍然單獨計算，即使離婚也不會有清算的問題。至於所謂的法定財產制，就是夫妻兩人在婚姻關係存續間，所累積的財產，必須在離婚時清算。清算的原則，是兩人的財產相減，多的人要給少的人差額的一半，但要扣除贈與、繼承、損害賠償的所得。之所以會以這樣的標準計算金額，是因為民法認為，夫妻兩個人的所得，不能只看在外賺錢的人而已，例如有些人是家務勞動者，雖然沒有在外工作賺錢，但對家庭仍有貢獻，因此在離婚時，必須要以這樣的標準計算才會公平。

因此，夫妻生活不會是一門賺錢的生意，因為不論是富二代，或是一般人，總是要有「自己賺、存下來」的錢，配偶在離婚時才有得分。但是富二代，究竟

是自己賺，或是老爸給，早已傻傻分不清，而一般人，在生活的煎熬壓力下，如果還有養小孩，能夠留下多少，也是很難說的事情。兩人結婚十年，縱然有存下上百萬，結算以後也不過五十萬元，除以十年，一年就是五萬元，如果真心付出、打理家庭，這年薪恐怕令人心碎。因此，人沒有了，固然要談錢，然而多數時候卻是，「不談錢傷心，談了錢，看了數字，好像也沒有比較好」。

那麼，婚前或是贈與、繼承所得的財產，難道真的不能分配嗎？其實，這些財產如果在婚姻關係存續間，有所謂的「孳息」，例如繼承所得的房子有房租，或是爸爸留下來的存款有利息，房子與存款都不能分配，但是房租與利息是可以分配的。婚前財產的概念也是一樣，本體不能分配，但本體衍生出來的利息都可以。另外一個方法，就是在還沒鬧翻之前，可以要求對方把這些繼承、贈與、婚前的財產贈與給自己，一旦贈與之後，就可以不納入剩餘財產分配的範圍，而且可以直接變成自己的財產。這一點如果運用在婚後財產，就會更有趣，兩個人如果在婚姻存續時，買了一間房子，登記在先生名下，離婚的時候固然要納入分配，可是只要先生在購買登記自己名下以後，再把房子移轉贈與給太太，往後離婚時，這間房子就無須納入分配，這是值得注意的地方。

最後，我們要來談談外遇悔過書與離婚協議書。

有些夫妻在對方外遇時，會請對方寫悔過書，並且在當中約定若干條件，作為日後如果違約時的證據。悔過書的內容，只要不違反公序良俗，只要雙方簽字，就會有效，不需經過律師見證或公證人、法院公證。然而，在撰寫悔過書的時候，必須注意不要有含糊不清的條件，例如「淨身出戶」這種戲劇才會出現的字眼。事先約定監護權、離婚等事項，其實也不一定有用，就離婚來說，兩個人能不能離婚，只要有一方不答應，就會由法官依法審酌，悔過書只能當作佐證；而監護權的約定更是如此，因為監護權的公益性質濃厚，縱然這個人是壞先生，不見得是個壞父親，因此法院還是會依職權審酌監護權的歸屬。

至於離婚協議書，內容大致上就是約好雙方離婚、孩子監護權歸屬、探視方式、扶養費、財產分配等，如果一方有外遇，當然也可以約定損害賠償。更複雜的情況也有，例如約定兩個人的其他財務分配，或者兩個人與小孩往後的安排。只要不違反公序良俗，一般而言，法院也不會主動干涉或調整。如果自行到戶政事務所辦理，最重要的還在於證人必須在現場。所謂的現場，並不是指戶政事務所，而是當兩個人簽名時，證人必須符合法律上的「親見親聞」要件，如果對於離婚事項根本一無所知，這種見證就是無效的，未來如果有一方「有意見」，就能向法院提出「離婚無效」的訴訟。通常，「有意見」的原因，固然有部分人是因為仍然愛著對方，但多數原因，都是因為不滿意監護權或者剩餘財產分配的約定，因此希望藉由提出離婚無效的訴訟，讓兩個人重新回復夫妻關係，再提出離婚以後，就可以重新約定財產或是監護權的狀況，這對於原本離婚協議比較有利的人來說，其實是相當可怕的事情，因為等於所有事情都要重來。而要再離婚，實際上並沒有這麼容易。

婚姻是一門非常大的學問，離婚更是很困難的任務，在做任何決定前，就是想清楚再做，而且瞭解自己要什麼，這是最重要的。外遇是如此，離婚也是。

孝親房

根據他們家的規矩，房子要登記在小兒子名下，

但是那個女人竟然不接受，她覺得應該要登記一人一半。

小兒子剛新婚，對她而言，原本應該是一件喜事。但是，有個小地方卻讓她有些不愉快，甚至想要勸他離婚，原因就是在媳婦。根據小兒子的轉述，這個媳婦應該是不能要了。

她與先生雖然不是有錢人，但這三十年來，也存了一點錢。她有兩個孩子，關於他們夫妻的財產，跟先生討論過以後，她的規劃是這樣的：現在兩老的房子，在他們過世以後，就由兩兄弟繼承。但是現在的現金，就分成兩份，作為兩個兒子的購屋基金，大約可以支付百分之四十的頭期款，剩下的百分之六十，就讓他們自己想辦法。臺北買房子這麼難，如果不是他們夫妻有先見之明，現在也買不起，至少可以先幫他們鋪路，以後不用這麼辛苦。

前年，大兒子結婚的時候，她就幫他們夫妻挑了一間合適的房子，離現在的老家很近，走路也大概十分鐘就到了，往後要幫他們帶小孩，或是他們要回來家裡，也相當方便。這間房子就登記在大兒子名下，由她付了頭期款。大媳婦對於這件事，並沒有意見，而且還跟她說，謝謝媽媽的貼心，讓他們省下了很多錢。

而且，大兒子結婚以後，也經常帶孩子回家，交給兩老照顧。雖然累，畢竟體力跟以前不一樣了，但也是甘之如飴，畢竟是自己的孫子。而且關於這個長孫，先生笑得合不攏嘴，直說要再買一間房子給這個孫子。

小兒子也很乖，不過，是交女友前很乖，認識這個女人以後，就被帶壞了。這個女人，在認識小兒子以後，就不常來家裡坐。偶爾來家裡做客，就還真的是做客，連洗碗也不會幫忙。當然，這是她跟兒子的感情，反正女友也不一定會結婚。可是，當他們感情越來越好，小兒子竟然開口，他們想要結婚，她完全不能接受。跟這個女人的爸媽提親以後，她覺得他們家還算識大體，因為不用他們家給聘金，也不要求夫家給任何東西，就希望兩個人好好過。她心想，既然如此，就應該要買房子給他們，減輕他們的負擔。於是，她在跟先生商量過以後，決定要給他們同樣的一筆錢買房。不過，房子的地點、格局，要由他們來看，畢竟薑是老的辣，他們應該可以選到一間不錯的房子給小兒子。決定以後，她就把這件事跟小兒子講，沒想到小兒子竟然面有難色。她一問之下，才知道是那個女人作梗。

根據他們家的規矩，房子要登記在小兒子名下，但是那個女人竟然不接受，她覺得應該要登記一人一半。笑話，這間房子是夫家付的頭期款，這女人憑什麼要求一半？小兒子雖然說，是因為往後貸款她也要付一半，所以當然要登記一半。而且，他轉述了一段那個女人講的、但她聽不懂的話：「如果將來離婚，頭期款並不納入剩餘財產分配，還是夫家的錢。」她聽不懂剩餘財產分配是什麼，但她總知道離婚，才剛結婚就想離婚，這女人是不是有問題？再者，身為金主，她也不過要求地點跟格局由她選，這女人竟然也有意見。據兒子的轉述，這女人要求地點要他們夫妻一起選，不一定要離婆家幾分鐘的距離，也不一定要買在臺北市；格局，當然是由他們夫妻自己找設計師看，因為往後是他們要住，所以以他們的意見為主，婆家的意見僅供參考。

她非常生氣，但畢竟才剛結婚，她也不好發作什麼。這女人開出這些條件，讓她心灰意冷，也不想想，出錢的到底是誰。她跟先生想了很久，最後還是決定聽小兒子的話，畢竟這陣子以來，他夾在兩邊也很辛苦。可是，既然有出錢，她還是對小兒子提出了要求，第一，房子還是要登記在小兒子名下，不可以登記一半在媳婦名下。第二，要有「孝親房」，以後她跟老公去他們家住的時候，至少有個棲身之地。沒想到，隔了幾天以後，小兒子還是面有難色地說，她太太不同意。

反了，這年頭反了，出錢還得要讓媳婦嫌棄，這是什麼世道？她決定，錢不給了，乾脆把錢拿來聘請律師，要她兒子告那個女人並離婚。

呂律師聊天室

要不要買房給兒女？

許多長輩會因為疼惜晚輩買房辛苦，所以早就把自己的財產預先規劃，特別是為「兒子」在成家時，支付頭期款，或甚至把房子直接買下來，登記在「兒子」名下。框出「兒子」二字，是因為許多父母只把這項「優惠」給男性直系血親卑親屬，而不給女性繼承人。所謂的「直系血親卑親屬」，不只兒子，還有孫子，特別是長孫。但女兒，就是邊緣人。這種現象，隨著父母重男輕女程度不同，而會有所改變。不過，男女有別這種思維，還是普遍在許多人的腦袋裡，根深蒂固、難以拔除。當然，這是父母賺的錢，想給誰就給誰，只是性別平等的觀念，或許還是得要加強推廣。

要買房子給兒女，或是為兒女支付房子頭期款，到底好不好？其實，沒有什麼好不好的問題。如果是自己的錢，想怎麼用就怎麼用。想要買房子給兒女，不論只給兒子，或是想給孫子，也都是自己的錢，其他孩子「在法律上」，沒什麼好抱怨的，最多也就是情感受傷而已。然而，如果說，父母給子女房屋或金錢是民法上的「贈與」，則贈與是一種雙務契約，除了贈與人願意外，也要受贈人同意，那麼，當贈與人附加條件時，就得要考慮受贈人怎麼想。只是在贈與子女資產時，許多父母附加的條件，都只是站在自己的角度思考，而不是考慮兒女怎麼想。或者說，更不會考慮女婿或媳婦怎麼想。

通常贈與這種法律行為，大家都會比較喜歡不附條件的情況，所謂不附條件，就是單純把金錢或不動產給予對方，不需要對方配合或做什麼。但是長輩在贈與時，經常會搭配一些想法，希望晚輩可以配合。以房子為例，為了保護自己的兒女，不能讓媳婦或女婿的名字登記在贈與的不動產上；地點、格局、價錢統統要干涉，最基本也會要求未來的房子要有「孝親房」，提供給兩老居住。這種想法，固然對長輩很好，彷彿保障了自己的權益。但是，長輩並沒有想過，人家到底願不願意接受。不論是兒子媳婦，或是女兒女婿，他們已經成立了一個新家，總會有自己的想法，當長輩拿著一筆錢或一間房子「誘惑」他們，就很像是要他們「不接受就拉倒」，其實這樣的做法相當傷害他們的情感。在他們的觀點裡，大概就是「要幫忙就幫忙，謝謝你們。可是你要幫忙，又要我答應你們某些要求，那算什麼？」對於父母而言，那叫做「給你們錢本來就不是應該的，但就算沒給，你們不是本來也就要孝順嗎？」兩方的意見都很委屈，最後的結果反而是彼此傷害。

那麼，該怎麼做？最好的方法，當然是把錢留著自己用，為何要替兒孫計畫該怎麼用、怎麼花？給他們，他們還以為理所當然，不就是白白浪費自己的金錢嗎？其次，如果真的錢多到花不完，也想做遺產規劃，事先贈與給孩子，能做到公平是很好，不能做到公平，至少要「歡喜做、甘願受」，不要對孩子有任何附加條件，例如希望帶孩子、最好在老家附近、還要給父母房間之類的。因為這些條件，通常只會導致兒女失和、夫妻吵架而已。就算當下登記在兒子名下，一轉眼，兒子被吹枕頭風，所以同意把房子過給媳婦，先前的設計又有何意思？表面上替兒女想，實際上替自己想，不會比較好。

最後，還是要老調重彈。婆媳問題，大多來自於兒子的不作為或是亂作為。

當媳婦有任何意見想要表達，請兒子務必勇敢地承擔，主張是自己說的話。雖然這樣的做法不一定符合事實，但是當兒子轉述老婆的話給媽媽聽的時候，多少是加油添醋、多少是無中生有，又有多少是自我想像？可是媽媽聽了以後，不會責怪兒子，往往直接對媳婦生氣。當然，角色對換也一樣，媽媽說了什麼，也沒必要一五一十地跟老婆說，那只會讓兩人的關係更惡化而已。不要傳壞話，這是當先生的基本態度。要傳話很簡單，但是要收拾，應該很困難，不可不慎。

我的房子可以要回來嗎？

她終於受不了地下錢莊的勒索，決定要把房子過戶給媳婦，同時要媳婦跟兒子「假離婚」，這樣房子應該就可以保住了。

那間房子，她不該給媳婦的。可是，她真的不知道，兒子竟然會這麼無能、媳婦竟然會這麼狠心。

兒子跟媳婦已經結婚三年了。先生過世以後，她就靠自己把這個獨生子扶養長大，還買下這間房子，把房屋貸款付清。只可惜，這個兒子不成材，從小就不喜歡讀書，經常打架鬧事。為了這個兒子，她都不曉得跑學校幾次了。國中畢業以後，她也管不了這個孩子，索性讓他去學餐飲。沒想到進了高職以後，他還是不認真，還沒畢業，只能委託朋友開的餐廳，讓他進去當學徒。幾年學徒下來，也不知道有沒有學到技術，就想要自己開餐廳。當娘的，總是心疼他這麼辛苦，於是讓他投資開餐廳，想不到半年內就倒閉，還欠了一堆債。

既然做什麼都不成功，大概是這個孩子心性沒定，說不定娶老婆以後會好一點。但是，相親了幾次，並沒有成功。畢竟這個孩子什麼都沒有，沒工作、沒薪水、沒房子，大概也很難有女孩子看上他。他每天就待在家裡玩手機，幾天會跟她拿一次零用錢，用去哪裡也不知道。不過，有天兒子突然眉頭深鎖地跟她說，他認識一個女生，結果對方懷孕了。她一聽大喜過望，這不就一次把婚姻跟孫子都搞定了嗎？她立刻跟兒子要求跟那個女生見面，談過以後，覺得他們看起來應該很適合，雖然是由姑姑扶養長大，但很懂事，於是經過提親等過程，兒子終於結婚了，也跟她住在一起。媳婦在便利商店打工，她則是幫忙照顧孫子。不過，兒子還是一樣，每天就是對著手機傻笑、打電動，她跟兒子提過很多次，要他認真去找工作，但是兒子始終沒有改變的意願。

後來，地下錢莊的人，開始出現在家附近。甚至有人拉著白布條，上面就寫著要她兒子付錢的字眼。也有人跑來家裡，對著她說，子債母還，天經地義，他們知道媽媽有房子，要她幫兒子還錢，不然要天天來亂。開始她還能拿幾萬元去換回兒子簽名的本票，到後來實在不堪其擾，來的人越來越多，她只好疲倦地對來人說，她問過律師了，兒子的債務不關她的事。可是即使如此，來找她的人沒少過，大家應該都知道，她還有一間房子，可以幫她兒子還債。媳婦沒多說什麼，就是默默地賺錢、養孩子，對她也還是一如往昔地孝順。她覺得，有了這個媳婦，比女兒貼心、比兒子乖巧，怎麼不是她有這個女兒，而是養了這個糟糕的兒子。

上個月，她終於受不了地下錢莊的勒索，決定要把房子過戶給媳婦，同時要媳婦跟兒子「假離婚」，這樣房子應該就可以保住了。她之所以這麼想，是因為她想過了，如果他們假離婚，兒子的負債就不關媳婦的事情，她又把房子過給媳婦，她也不必受到地下錢莊的騷擾與威脅。她越想越得意，第二天就跟兒子、媳婦這麼說。媳婦再三婉拒，覺得自己不想承擔這間房子的責任，但是她一再跟媳婦保證，這間房子已經沒貸款，而且這樣才能挽救整個家。媳婦最後勉為其難地答應了她，先去地政事務所辦理房屋過戶，再去戶政事務所辦理離婚，整件事情，就這麼暫時落幕了。從此以後，她對外都宣稱，因為地下錢莊催債，她已經沒有房子了，而且兒子也跟老婆離婚了。當然，他們一家四口還是住在一起。然而，問題就在她兒子，她兒子竟然又使用交友軟體外遇了，而且被媳婦抓個正著。

其實，這個女人，在法律上已經不是媳婦，但既然是假離婚，還住在一起，那也無所謂。可是，媳婦發現兒子外遇後，竟然頭也不回，帶著孫子就離家出走，而且無論她打了多少通電話給媳婦，媳婦就是不願意回家。沒多久，她收到了法院的通知，有個陌生人對他們提告「無權占有，請求遷讓房屋」，她這才覺得不對勁。原來「媳婦」已經把房子賣掉，現在是新屋主要求他們搬家。這時候，她想要把房子收回來，但是律師卻搖搖頭，告訴她，撤銷贈與並沒有這麼容易，房子應該是媳婦的沒錯。

兒子還是繼續玩手機、不工作，媳婦則是帶著錢已經跑了。而她，到底應該怎麼辦，才能保住這間房子？

呂律師聊天室

細說撤銷贈與

有些父母，為了種種原因，會希望在生前就把自己的財產過戶給孩子。有些人，是為了財務規劃，想要節省遺產稅；有些人，是為了公平，每個孩子都有一間房子；有些人是為了不公平，除了女生外，每個男生都有一間房子。也有些人，為了躲債，或是單純為了開心。無論如何，就是把財產過戶給了孩子。這種想法，如同先前提到的內容，只要是自己賺的財產，開心就好，只要能承擔孩子日後的埋怨，或是兄弟姊妹之間的不睦，不用管別人怎麼想。想給誰就給誰，這就是電影裡的臺詞：「天地萬物，朕賜給你，才是你的，朕不給，你不能搶。」

不過，朕一旦給了，那就是他的了。不動產一旦過戶，或是金錢一旦轉帳，在法律上的評價就稱之為「贈與」，贈與是雙務行為，贈與人與受贈人必須要合意接受贈與才會生效。可是一旦交付贈與物，不論是金錢的交付，或是不動產變更登記，要取回就會有相當大的困難。畢竟贈與之後，就是對方的財產。如果允許贈與人可以任意取回贈與給別人的財產，不啻是製造法律與現實生活的不安定性。因此，贈與是相當嚴肅的事情，還沒給，可以隨時撤銷贈與，不需要理由；給了，要拿回來，在法律上稱為撤銷贈與，這就必須要有法律上的原因，才有機會取回贈與物。

依法來說，撤銷贈與，有兩種情況：首先，是受贈人對於贈與人、贈與人的配偶、贈與人的直系血親、贈與人的三親等內旁系血親或二親等內姻親，有故意侵害之行為，依刑法有處罰之明文者。一般而言，最常見的就是受贈人對贈與人有公開罵三字經，或者是毆打的行為。前者稱為公然侮辱罪，後者稱為傷害罪。當然，只要對贈與人或他的至親犯法，都有可能被撤銷贈與。但是，既然是「犯法」才會被撤銷贈與，如果是沒犯法的行為，就不會有被撤銷贈與的情況。所以，受贈人對贈與人家暴，並不一定當然構成撤銷贈與的情況，因為家庭暴力，有些並不犯法，例如「私下在家」罵媽媽三字經，這時候因為不符合「公開」的定義，因此並不符合公然侮辱罪的構成要件，檢察官不會起訴、法官不會判刑，這時候要撤銷贈與，當然於法無據。

另一種情形，就是對贈與人有扶養義務而不履行者。白話文來說，就像是把房子贈與給兒子，但是兒子在父母衰老、沒有資產時，卻拒絕扶養。父母可以先對兒子提出請求給付扶養費的訴訟，法院如果判決兒子必須扶養父母，但是兒子仍然置之不理，就可能會有撤銷贈與的情況發生。父母可以提起訴訟，請求法院將原來父母給兒子的不動產或是動產，以判決的方式還給父母，這就是所謂的「未盡扶養義務」而衍生的撤銷贈與訴訟。這種訴訟類型，可以減低兒女拿了父母財產後，不盡扶養義務的可能，至少可以讓父母把賴以為生的財產取回，自己養自己。

但是，這種做法其實沒辦法預防受贈人把受贈財產轉讓出去，也不能讓無扶養義務的人，就因此得要扶養贈與人。舉例來說，原本希望預先財產規劃，所以把房子給了兒子，但兒子卻把房子賣掉，未來如果兒子不扶養父母，父母是沒有權利要求買受人把房屋歸還。縱然是贈與，如果對方也是善意接受這個房子，並不知道兒子拒絕扶養父母，同樣不能要求歸還。因此，如果要把房子贈與給扶養義務人，請預先存著「給了就沒了」的心理準備，動用撤銷贈與，已經是最後一步，而且成功機率不一定高，至少這房子還得留在他名下才有機會。至於，過給沒有扶養義務的人，那就更不用說了，除非受贈人對贈與人或贈與人的親屬做了犯法的行為，否則要撤銷贈與，更是於法無據。

要贈與任何財產給他人之前，請務必想清楚。不要存著希望對方報恩，或是希望對方可以聽自己的話的心態。否則，當未來要撤銷贈與，道高一尺、魔高一丈，就法院裡的攻防來看，原告要勝訴，並不是這麼容易的。

傳承

這些房子都是她跟先生一起努力打拚來的，
他們想要給誰就給誰，難道還要女兒同意嗎？

除了身體狀況始終沒有好轉外，她最近心情還不錯，至少有三間不動產陸續成交，也簽訂了買賣契約。她已經想好，第一間、第二間房子已經可以辦理過戶，拿到的錢就給長孫買一間大一點的房子。第三間，也已經簽約，只要在美國的女兒給她印鑑證明，也可以再換一間給兒子。對於她的規劃，自己覺得非常得意，因為先生的想法跟她一樣，就是要把資產交給兒子，才叫做傳承。

她與先生從年輕時，就開始「蒐集」不動產，而且以房養房，越換越大、越多。他們相信「有土斯有財」，臺灣人就相信不動產，無論在什麼時機點，買不動產就對了。所以在一九九五年臺海危機前後，他們就選擇入市，SARS、美國次貸危機等等時間點，都有大量敲進房子。可是，他們也相信，政府的課稅能力，因此早就分散風險。他們有四個孩子，就把所有的房地產分成六份，除了自己夫妻外，四個孩子統統都有不動產登記在他們名下，而且從孩子年紀還小開始，就陸續登記，這樣至少不會有太多遺產稅的問題。不過，讓他們夫妻扼腕的是，他們只有一個兒子，其他三個都是女兒。好在媳婦之後又生下兩個男孫，也算是小有成績。她曾經跟媳婦說，生一個兒子給一間房子、生一個女兒給兩百萬，看來媳婦確實有認真「工作」。

前幾天早上，房屋仲介打電話給她，要她準備女兒的印鑑證明，因為買方已經要辦理過戶。她看了一下時間，應該是美國時間的晚上，於是她打了電話給大女兒，請她盡快回國來處理這件事。想不到，大女兒對於這件事情，竟然十分冷淡，而且沒有要回來的意思。她心裡覺得非常惱怒，當下就把電話掛了。所有女兒名下的房子，都是她與先生買的，只不過借女兒的名字登記而已，大女兒憑什麼拒絕她？可是，掛斷電話後，她冷靜想想，發現問題有點嚴重，如果大女兒真的不願意回來處理印鑑證明，那麼房子到底要怎麼過戶？如果不能過戶，她不就違約嗎？一旦違約，依據契約可是要給付違約金給買方的，她該怎麼辦？

於是，她趕緊打電話給仲介，告訴仲介現在的情況。仲介聽到這些話，覺得非常不可思議。仲介對她說：「這房子是您的，只是借名登記在大女兒身上不是嗎？她怎麼敢這麼對您？您要不要考慮跟律師討論，請求返還房屋登記？」她一想也有道理，於是找了他們家的御用律師討論，但是律師無奈地告訴她，就算提告，也得要大半年，而交屋期限就是下個月，下個月不交屋，一樣違約。而且，提告也不一定有勝算，大女兒可能會主張是贈與。聽到這段話，她差點沒暈倒，這明明就是借大女兒名義登記的房子，當時又沒有說要送給大女兒，法律怎麼這麼多眉角。最後，律師與仲介的意見，都是勸她忍氣吞聲，先「騙」她回國取得印鑑證明再說。於是，她打了第二次電話給大女兒。

在電話裡，她好說歹說，希望大女兒可以回來臺灣，辦理印鑑證明，並且同意過戶。大女兒沉默了很久，總算開了口，她問媽媽，為什麼二妹與小妹的房子，都被她賣掉以後，錢竟然不是交給她們，而是直接幫弟弟、長姪買房子？難道他們家就是重男輕女，只在意男系子孫，女兒都不值錢嗎？她聽到女兒講這些話，其實相當錯愕，她跟女兒說，是不是重男輕女，一點也不重要，重點是，這些房子都是她跟先生一起努力打拚來的，她們想要給誰就給誰，難道還要女兒同意嗎？當然，大女兒不會接受她這樣的說法，於是這通電話又是不歡而散。

經過了一夜的思索，她覺得這樣也不是辦法。她想通了，把違約金付給買方，不如把錢給女兒。於是，她又打了第三通電話給大女兒。這次，她直接跟大女兒說，只要回來臺灣辦理印鑑證明，並且過戶給買方，她願意把一百萬元給大女兒。沒想到大女兒竟然冷漠地對她說，除非把所有交易的錢都給她，否則她不會回來簽名的。她聽到大女兒竟然這麼說，二話不說又掛了大女兒的電話。只是，她到底該怎麼辦？這本來不就是她的房子嗎？

呂律師聊天室

決定借名登記之前的思考

借名登記，在民法上並沒有明文規定，而是以類推適用委任關係的無名契約，作為法律上的處理方式。在現實生活中，有許多借名登記的契約出現，特別是不動產登記。不動產是以在地政事務所的登記，作為合法持有的判斷依據，只要是登記人，就推定是所有權人，除非能夠提供相關契約或證據，作為佐證，當借名登記契約終止，對方不願意返還不動產時，才能向法院請求返還不動產。事實上，這種訴訟並不容易處理，因為要舉證相當困難，特別是在親友之間的登記，更是如此。

以父母子女來說，許多父母為了不同的原因，會把購買的不動產就放在孩子名下。第一種常見的情況，是因為節稅，不論是遺產稅、贈與稅、奢侈稅等，在購買時就直接過給孩子，讓孩子當人頭，以省下要繳納的稅賦。第二種情況，就是貸款，因為兒女有特殊類別的貸款，例如首購利率低，為了節省利息支出，所以由兒女持有不動產。第三種情況，是父母本身有負債，因此把房子放在孩子身上，避免被強制執行。第四種情況，是父母為了讓孩子都有安身立命之處，畢竟臺北居，大不易，因此先行購置資產，讓每個孩子都有一間房子，但還是由父母收取租金或是處分出售等，所有權狀也是在父母手上。最後，就是資產配置，父母事先已經把自己的資產都分配好，避免未來大家在遺產上有所爭執。但無論哪一種情況，往往最欠缺的舉證，就是契約。

事實上，要證明借名登記，並不容易，因為被告往往會主張是原告贈與。就法院的判斷標準而言，一般都會以原告主張的借名登記理由是否合理、不動產平常由誰管理處分、當時購買及往後給付貸款的資金由誰支付、所有權狀究竟在誰手上、借名者與被借名者的對話紀錄等等，不同的主客觀因素綜合考量。但是，因為是原告要負舉證責任，而不動產登記在對方名下，往往是年代久遠，要提出證明時其實不容易，是以，法律上衍生的糾紛相當多，以夫妻來說，主張彼此的借名登記並無意義，因為依據剩餘財產分配的規定，登記誰名下，都要給對方一半；但如果是父母對子女提告，那就會相當慘烈，而且最後的結果，幾乎都是親情蕩然無存。

那麼，要如何預防這種情況發生？其實會有這些訴訟，都是起因於不公平與貪念。父母如果在不動產借名登記之時，不考慮到性別平等，最後往往就會衍生女兒與兒子的戰爭，因為小孩子不會在意這些問題，但是等到長大以後，發現父母竟然想要把房子統統過給兒子，當然心裡會不舒服，如果這時候需要女兒配合，那就會有很多怨言出現，甚至不願意配合的女兒也大有人在。另外一種情況，就是父母坐視有兄弟姊妹把父母給的房子賣掉，但是卻要沒有賣掉房子的兄弟幫忙，再把自己的房子交出來分配，這時候難免就會有其他人埋怨，是不是比較乖的孩子就比較辛苦？而亂花錢的孩子，父母反而會保護他們。當然，如果真正回溯到房子的源頭，確實是父母購買的，孩子也都沒出錢，並沒有資格講些什麼。可是，站在孩子的立場，這房子已經在他們名下這麼久，父母卻要主張這房子是他們的，他們才有權利分配，心裡不舒服，這也在所難免。

因此，如果父母真的要把房子借名登記在兒女身上，最重要的當然是心態問題，而不是契約。如果父母可以把所有權狀收在身上、而且時刻提醒小孩，這是請他們「幫忙」登記的房子，真正的所有權都在父母身上，或許可以稍微減低往後兒女的抱怨。這時候再來談契約，雖然很現實，但也有必要性，至少可以解決法律上的紛爭。可是，談到財產，本來就一定會有人不滿意，除了心態要調整、契約要完備，最好的方式還是不要把不動產放在任何人身上。請記得，雖然說不要檢討被害人，但是引起貪念的人，特別是家人，有時候也得要承擔起家庭不和的責任。

養兒防老？

面對這兩兄弟的無情，她也只能到法院提告，
希望法官可以為她主持公道。
在調解過程中，他們還是不願意付錢……

媽媽已經臥病在床幾年了。這幾年，媽媽的神智狀況越來越糟糕，而三個孩子裡，因為她未婚，只有她負責與媽媽同住，並且接手看護的角色。媽媽名下有一間房子，但是存款已經所剩無幾，她拿自己的存款還有工作所得來照顧媽媽，至於其他兩個兄弟，怎麼形容呢？他們偶爾會來看媽媽，但都是「技術指導」居多，不外乎就是嫌棄她哪裡做得不好、哪裡可以加強，偶爾會塞個一、兩千元給她，號稱是給媽媽的營養費。這些年來，就是她一個人撐著，生活不好過，但也還過得下去。

然而，隨著時間經過，她的經濟壓力越來越大，而原本的存款也早已坐吃山空。她看了媽媽的存摺，大概還有幾萬元，應該還可以撐一陣子，但是，花完以後，如果她再不去工作賺錢，可能連她自己的生活都會有問題。政府推行的長照2.0，根本不敷使用，就算「用好用滿」，即使重度失能，也只能獲得一天數小時的長照，剩下的時間仍然由她來承擔。選擇聘僱外籍看護，一個月的費用不低，還得要騰出房間讓看護居住，可是家裡根本不夠大，她得要想辦法才行。現在看起來，不選擇聘僱外籍看護，而選擇由她「自己來」，應該是唯一的選擇。可是，她好累，她想要鼓起勇氣，跟兩個兄弟討論，有沒有可能請一名外籍看護來幫忙，至少她有機會可以喘息。

她的兩兄弟都已經成家，也有自己家裡不小的開銷，如果要合力請外籍看護，意味著得要拿錢出來，因此對於妹妹的提議，完全不感興趣。大哥的意思是，妹妹就繼續「委屈」一點，把媽媽照顧好，以後也會有福報的。二哥則是認為，錢少花點就好了，他以後每個月可以給一、兩千元補貼一下，多了沒有，因為他自己也得養家。她聽到這些話，情緒突然崩潰，她覺得兩個哥哥都沒有考慮她的感受，這幾年來，她花了多少錢在媽媽身上，兩兄弟卻沒付多少錢。更別說她親自照顧媽媽，所犧牲的青春歲月，他們講得很輕鬆，可是人生是她在過、媽媽是她在照顧，不能對她這麼不公平。於是，她這次立場非常強硬，一定要兩兄弟平均分攤外籍看護的費用，否則她以後不願意再付出這些事情。大哥臉色鐵青，直斥責她不負責任、只愛錢而已；二哥則是打圓場，承諾要回去問老婆，如果家裡還夠錢，可以多給些。

面對這兩兄弟的無情，她也只能到法院提告，希望法官可以為她主持公道。在調解過程中，他們還是不願意付錢，大哥甚至放話，就算沒錢，這間房子也不能動，要是把媽媽的房子賣掉，一定會告妹妹。誰都知道媽媽失智，敢賣房子，那就法院見。協調不成，又過了一個多月後，法官終於開庭。

「請問原告，你有對媽媽聲請監護宣告嗎？」法官單刀直入地問。

「啊？那是什麼？我不知道。」她對於這個名詞很陌生。

「你必須要先對媽媽聲請監護宣告，法院裁定准許以後，如果你是媽媽的法定代理人，才能依法對其他兩個兄弟請求扶養費。否則，只有你媽媽可以擔任聲請人，你可能會有原告不適格的問題。」法官耐心地跟她解釋。

「可是，我以前花錢照顧媽媽，他們總該要還我錢吧！我的存款都花完了。」她不太理解法官的那些話，但是她知道，可能要扶養費有困難。可是，以前的扶養費，他們總該承擔吧？

法官抱歉似的對她說：「我查過媽媽的稅務所得閘門資料，她名下有房子。根據民法規定，如果媽媽名下有財產，不論是房子還是存款，就不能請求兒女扶養。如果你要對她扶養，這是所謂的『道德上贈與』，可能沒辦法請求他們歸還。」

她聽到法官這席話，情緒非常激動，她忍不住對法官說：「這也不行，那也不行。所以，我們不懂法律就該死嗎？我花了這麼多錢照顧媽媽，結果你告訴我，那兩個兒子都不用還我錢，這樣以後誰還要拿錢照顧媽媽？」講完這番話，抑制不住潰堤的眼淚，她站起身來，掉頭就走。

呂律師聊天室

細說扶養義務

民法固然有規定，子女有孝敬父母的義務，但這只是一種「宣示性」的條文，真正要討論到子女應該如何「孝敬」父母，還是得回到民法的扶養義務來探討。基本上，父母子女之間的扶養義務可區分為父母扶養子女、子女扶養父母。前者比較簡單，原則上，只要是未成年子女，都可以要求父母扶養；但如果已經成年，父母就沒有扶養的義務，除非成年子女符合監護宣告或輔助宣告的情況，例如失能、失智，毫無謀生能力，也沒有財產，父母才有扶養的必要性。至於父母要求子女扶養，那就比較複雜了。

在扶養義務上，有分「生活保持義務」與「生活扶助義務」兩種。前者是指，必須提供受扶養人與自己一樣的待遇；後者則是只要酌情補貼生活開銷即可。一般而言，父母子女之間就是「生活保持義務」，兄弟姊妹之間則是「生活扶助義務」。那麼，父母要求子女扶養，必須符合的第一個要件，就是父母不能維持生活，至於父母有沒有謀生能力，法律並不在意。因此，父母就算年輕力壯、好手好腳，只要身上沒有任何存款、不動產，就可以要求子女扶養。但父母如果有財產，那麼就不能要求子女扶養，即便父母完全沒有謀生能力、臥病在床，也是一樣的，都不能要求子女負責。

那麼，應該怎麼做？民法要求，父母必須先動用自己的財產養活自己，而不是先對子女開口。等到財產已經用完，才能要求子女出錢扶養。可是，如果父母不願意呢？那麼，奉養他們的子女，就得要有心理準備，給他們的錢，或是照顧他們的所有心力，事實上就是自己自願的，日後也沒辦法要求其他子女返還。當然，有種特殊情況，是父母已經失智、失能，無法表示意見。這時候就應該優先處理監護宣告或輔助宣告的聲請，由法院先決定爸媽是不是已經無法表示意思，再由適當的人選擔任監護人。這時候，監護人就可以依法代理父母，向其他兄弟姊妹請求扶養費。在法院裁定監護宣告之前，任何人都沒有權利向法院主張其他兄弟姊妹得要支付扶養費，即使自己早就先行墊付，也是一樣的，因為被當作「道德上贈與」，不列入不當得利的範疇，也是很有可能的事。

一旦要扶養，究竟扶養金額如何計算？一般而言，法院判定成年子女要給的錢並不多，大概就是依照主計總處核定的各縣市最低生活費，作為判斷標準。以臺北市為例，一一〇年是一萬七千六百六十八元，新北市則是一萬五千六百元，再依照扶養人數、扶養人的資力，作為每個人必須分攤的標準。事實上，這筆金額並不高，大約是扶養未成年子女的六折左右而已，因此有些長者寧願去領取社會補助，也不願意要兒女付錢，社會福利補助可能比兒女要「奉養」的金額還高。不過，因為這部分只能二擇一，因此許多長者現在都會到法院向成年子女提出請求給付扶養費的聲請，而子女也可以提出免除扶養義務的訴求。如果父母真的在過去沒有照顧小孩，就有可能會被法院裁定免除扶養義務，那麼就可以請求社會福利的相關補助。因此，有些法官為了減輕社會福利支出的負擔，會在「極為明顯，父母過去沒有扶養孩子」的情況下，仍然判決父母勝訴，孩子還是要扶養父母，這是相當詭異的情況。

因此，當父母出現身體健康的狀況，而且需要子女扶養時，父母身心還行，就請父母邀請所有孩子一起討論，到底要如何善盡扶養責任。如果有人不願意或是沒能力，但是父母還有錢，就先使用自己的資產照顧自己。許多父母喜歡把自己的財產留著不用，但是要求子女照顧他們，這些子女們在法律上其實沒有義務。而當子女發現這樣的狀況，請不要吝惜跟父母、其他兄弟姊妹討論法律上的原始設計，畢竟自己埋頭苦幹，耽誤的是自己的青春與錢財。該聲請監護宣告，就去做，因為唯有如此，才能取得父母的代理權，也才能到法院，為他們爭取生存的權利。

媽媽

在小年夜傍晚，她又接到「媽媽」的電話，「媽媽」在電話裡，
不斷跟她道歉，強調當時是因為被地下錢莊追債，
如果當天不還，就會被斷手斷腳。

她收到法院通知開庭的時候，非常生氣，她覺得，這個所謂的「媽媽」，怎麼可以這麼不要臉，向她請求給付扶養費？這個「媽媽」敢來請求扶養，怎麼沒想過，以前是怎麼對她的？

有記憶以來，她對於這位「媽媽」的印象，就是賭博、抽菸、喝酒。心情好的時候，就會出去跟男人約會；心情不好的時候，就在家裡打小孩。對，就是打她跟哥哥。所以，從小她對於「天下無不是的父母」這句話就非常反感。至少她媽媽，就不是母，也完全沒有盡到為母的責任。她的爸爸，也是成天往外跑，但至少會把錢藏在鞋櫃裡，讓他們兄妹有錢可以買東西吃。至於，為什麼要把錢藏在鞋櫃？那是因為擔心她媽拿走這些錢去賭博。他們就在鄰居的幫助、爸爸偶爾給錢當中，自己長大。而這個「媽媽」，也大概在她國小畢業的時候，終於澈底地消失在他們家，直接跟男友離開了。

後來，她再知道這個「媽媽」，已經是三十歲那一年。她與男友即將論及婚嫁，而這個「媽媽」，不曉得從哪裡得知這個消息，竟然出現在她面前，而且答應要出席她的婚禮。當時，爸爸已經過世，只剩下「媽媽」可以是主婚人，當下她覺得很驚喜，但是隨之而來的，就是「媽媽」希望她可以給她一些生活費。她當下心軟，所以又給了她一些錢，「媽媽」也住在她家裡，她以為可以重拾母愛，還幫她準備了一個房間，以為以後可以跟她一起生活。婚禮當天，「媽媽」負責女方這裡的收禮金事宜，她事後對過，應該至少有二十幾萬，但是就在婚禮結束後，她發現「媽媽」不見了。原來這位「媽媽」，把所有的錢帶走，當天再也沒回家，差點讓她無法跟餐廳結帳。還好夫家很體諒她，獨自把所有的帳目結清。但是她那天哭到不能自已，她不敢相信，這種事會發生在她身上。

這位「媽媽」，從此以後又人間蒸發，她沒有對「媽媽」提告，但只求她不要再出現在她面前。十年又過去了，就當她幾乎已經忘記這件事的時候，在小年夜傍晚，她又接到「媽媽」的電話，「媽媽」在電話裡，不斷跟她道歉，強調當時是因為被地下錢莊追債，如果當天不還，就會被斷手斷腳，她不敢報警，只能先「挪用」這筆錢，真的對女兒很不好意思。她哭到無法言語，但是「媽媽」一直跟她道歉，而且希望她可以原諒「媽媽」，於是，她決定再給「媽媽」一次機會。「媽媽」跟她第二天中午約在餐廳裡，希望可以再好好跟她聊聊。她心想，除夕人團圓，「媽媽」應該這次是真的改過了。

當天中午，她盛裝打扮，帶著她的孩子，去見這位沒見過面的「外婆」。不過，這家餐廳中午怎麼似乎沒營業，店門是拉下來的，而她在門口待了很久，眼看時間一分一秒過去，已經都過了半小時，還是不見餐廳開門，也沒見「媽媽」出現，兒子在身邊喊著肚子餓，她心想，又被「媽媽」欺騙了一次，那也無妨，離開就好。可是，正當她要離開時，幾個黑衣人出現了，見面就跟她說，她「媽媽」交代，女兒今天會到餐廳還錢。她「媽媽」欠了他們一百萬元，如果今天不還，她跟兒子就不能離開。她嚇到六神無主，不知道該怎麼辦。但是那幾個黑衣人堅持，「媽媽」有交代，她一定會還錢，所以昨天才讓她「媽媽」離開的，無論如何，今天一定要給個交代。

小孩嚇得當場大哭，她則是一再懇求他們，可以放她一馬。正當他們糾纏不清的時候，有臺警車經過，她立刻大喊求救，那幾個黑衣人一看不對勁，立刻拔腿就跑。她嚇到雙腿發軟，被警察送到警察局休息，先生聞訊後立刻趕到，只是心疼怎麼會發生這樣的事情。但是因為也沒有證據可以證明當下有限制行動或是恐嚇的情況，所以又不了了之。現在，又過了十年，想不到在五十歲的生日前夕，她竟然又收到這張法院的通知，通知她，這位「媽媽」要跟她要扶養費。

這位「媽媽」，據說現在已經失智，是社會局向她提告的，可是，她真的不願意付出任何錢在「媽媽」身上了，這輩子，她已經不欠這位「媽媽」了，可是，她到底該怎麼辦？

呂律師聊天室

聲請免除扶養義務可能發生的問題

臺灣對於「孝順」這件事，相當痴迷，不斷地以「百善孝為先」、「天下無不是的父母」等等俗話諺語，試圖說服所有的孩子，爸媽是對的，永遠是對的。即使他們沒養孩子，也是生了孩子，孩子就是欠了父母恩情，一輩子都無法還清。但是，這種儒家思想式的「恩情」，卻掩蓋了非常多不堪的事實。在實務經驗裡，有太多的家內性侵害、暴力、虐待事件，不斷發生，遑論最基本的「教養」義務，在許多父母眼裡是不存在的。

這種孝道思想，在過去未修法時，有許多悲劇出現。因為不只民法有扶養義務的要求，並且無法免除，刑法更有遺棄罪的設計，當孩子遺棄無自救能力的父母，是要負擔刑責的。這樣的立法，根本不切實際。因為要孩子去扶養未曾謀面的父母，或是虐待、性侵害孩子的父母，根本強人所難。可是法律在未修正的情況下，當孩子不願意扶養這些所謂的「父母」，檢察官只能依法起訴、法官依法判決，造成民怨沸騰。因此在二〇一〇年，立法院終於通過修法，增設刑法二九四之一條，免除孩子必須扶養不負責任、虐待孩子的「父母」刑事責任。並且，也同時修正民法一一一八之一條，讓那些父母不再可以對孩子予取予求地勒索，孩子可以向不負責任的父母提告，要求法院免除或減輕扶養義務。

民法與刑法的修正，象徵臺灣的所謂「孝道」觀念，已經從「絕對」走向「相對」，也就是從「天下無不是的父母」，演變成「父不慈，則子不孝」。這一步雖然很緩慢，但是至少已經慢慢走到這裡。扶養義務人如果希望免除或減輕扶養義務，必須向法院提告，主要依據有二：首先是「父母對子女、子女的配偶等人，曾經有故意虐待、重大侮辱，或是其他身體、精神上之不法侵害行為。」其次是「對於自己的子女，沒有正當理由未盡扶養義務。」這兩項標準，可以構成減輕扶養義務的依據，情節重大，就可以構成免除扶養義務的依據。畢竟父母如果曾對兒女有上述行為，還要強求子女負擔扶養義務，應該會有顯失公平的情形，法院在審查過後，就會依照相關證據給予扶養義務人減輕或免除扶養義務的裁定。

不過，這項法條雖然立意良善，但在歷經十年的運作後，也出現了兩個問題。首先就是聲請免除扶養義務的子女越來越多，因此對於社會福利預算造成一定的排擠。就老人福利法等相關法令規定而言，如果有被遺棄的老人，社會局會通知老人子女盡扶養義務與安置等費用，如果兒女拒絕處理，就必須要進行免除或減輕扶養義務的訴訟，由法官決定是否有免除或減輕的可能。但是一旦免除以後，老人的安置照顧經費就由社會福利支付，因此法院免除扶養的標準越來越高，普遍往駁回原告聲請的方向傾斜，這對於扶養義務人來說，其實不盡公平。

其次，在這樣的前提下，因為聲請人必須承擔舉證責任，而事隔多年，相關的證據早已消失，或者相關的證人，為了避免得罪長者，或者有親戚情誼，往往不願意出庭作證，或是在出庭時避重就輕，因此也造成法院在審核免除或減輕扶養義務，對舉證責任有所要求時，聲請人往往無法滿足法院的證據需求。而法院也順水推舟，索性駁回對於扶養義務免除的聲請，這是在實務上較為窒礙難行的地方。事實上，除了社會福利預算不足的窘境，導致法院的判斷標準有誤差外，孝道思維在臺灣社會裡仍是主流，因此還有待律師與法院的共同努力，否則這些條文恐怕形同具文。

扶養父母，靠的是愛，不是孝。如果沒有愛，強行要求子女「奉養」父母，其實可以規避的方法相當多。目前法律雖然有提供免除或減輕的依據，然而背後的預算與社會壓力，仍然讓許多子女在「天下無不是的父母」傳統思維下，飽受壓迫。

9

關於期待權

我的也是
她們的？

老伴的病情明顯惡化，兒子總算比較常來醫院看爸爸。
但是，他執著的地方很奇怪，一直在逼問她，
是不是知道保險箱密碼。

先生現在重病，讓她覺得很煩惱。可是，最令她煩惱的事，不是先生的病情，畢竟先生臥病在床已經很久。她最在意的，還是七個女兒與一個兒子之間的爭執。先生在臥病以前，就已經把家中所有的不動產過給兒子，因為先生所有的財產，都是從父執輩繼承過來的，而這些家產，只能傳子不傳女。只不過，先生還有一個保險箱，內容與密碼只有先生知道，就連她是妻子，也只是外人，當然不能過問。但是根據先生這幾年陸續透露出來的數字，應該還有數百萬之譜。先生的想法，是在百年以後，要把這些東西留給女兒們，作為「補償」她們的動產。

既然都規劃好了，那麼她到底擔心什麼？從老伴生病進了醫院以後，女兒們就無微不至地輪班來照顧，七個女兒，剛好一週每人輪班一天，讓她輕鬆很多。而且女兒出錢出力，從來沒有怨言。在孩子小的時候，她也曾經因為先生堅持一定要生男孩，卻先來了七個女孩，覺得很有怨言，但是現在看起來似乎是好事，至少現在有人可以一起幫忙老伴的照顧。不過，先生的病情並沒有好轉，也開始出現譫妄的情況。醫生已經好幾次暗示他們，要考慮後來的無效醫療問題，不要折磨老先生了。但是她與兒子商量以後，兒子始終反對，她也沒辦法說什麼話。

畢竟兒子是現在家裡唯二的男人，對了，還有一個長孫。

這幾天，老伴的病情明顯惡化，兒子總算比較常來醫院看爸爸。但是，他執著的地方很奇怪，一直在逼問她，是不是知道保險箱密碼。她當然不知道，因為老伴強調過很多次，這個保險箱只能由他自己開，密碼不能跟外人說。她當下聽了這句話，並不是很開心，想不到結婚幾十年，她還是外人。不過想想先生就是一個頑固的人，他覺得女性都是外人，從嫁來他們家到現在，都是如此，她也就釋懷了。她跟兒子說，她並不知道密碼，兒子則是一臉懷疑，而且鄭重地告訴她，保險箱裡的東西，都是他兒子的。長孫要多一份，這是以前就傳下來的習俗，爸爸應該也是這麼想的。他甚至多次警告他的姊姊們，這些都是他們家的東西，嫁出去的女兒，就不要貪念這些娘家的財產了。

女兒們沒多說什麼，因為知道弟弟從以前就是這個樣子，仗著爸媽寵信，對所有的姊姊都不屑一顧，沒放在眼裡。至於她，即使是媽媽，也沒有能力管教這個兒子，以前也都是先生說話，他才會聽，現在先生已經不能說話，她還能做什麼？幾天後，先生在睡夢中過世，每個女兒，以及她，在知道以後都非常傷心，還有些如釋重負的感覺，這讓她覺得有些不安，畢竟先生過世，她怎麼可以有任何放下心中石頭的感覺？不過，這樣的感覺沒有持續很久，因為兒子當天就立刻回家，而且放話，所有的女兒都只能在門口祭拜，不能進門，也不能進爸爸的房間。現在他是一家之主，家裡的事，完全由他決定。

她覺得兒子這麼做，太不近人情，但是也不方便說什麼。老伴的遺體運送回家，幾個女兒要來家裡看，就只能站在門口，只要想進家門，就會被兒子、孫子，持棍棒趕走。女兒們哭著在門口，想要見爸爸最後一面，但是兒子都以「爸爸不想見你們」這種奇怪的理由，趕走她們。她身為媽媽，看到這種情況，勸阻兒子不要這麼做，沒想到，兒子竟然跟她說：「我知道你有密碼，想要讓你女兒進門，就把密碼告訴我。」她頓時發現，錢已經讓自己的兒子蒙蔽了心眼，她哭著回想，到底先生的密碼是什麼，她只能坐在保險箱前，死命地嘗試。她想過先生的生日、身分證字號後四碼、兒子的生日、孫子的生日，統統都沒用。後來，她想起了先生在最後清醒的時候，跟她說的話：「即使我死了，也還是會記得我們結婚的那一天。」她顫抖著手，輸入結婚紀念日的日期，保險箱果然應聲打開。裡面竟然沒有任何現金、珠寶，只有給她跟女兒的定存單、保險單，受益人統統是她們母女。

呂律師聊天室

遺產規劃請說清楚講明白

在民法上，有所謂的「期待權」，意思是說，「附條件之法律行為當事人，於條件成就後可能會獲得利益之期待，而將之權利化，就該權利受損害時，權利人得請求損害賠償」，白話文的意思，大概就是如果要送人家東西，但是附有條件，如果送東西的人故意讓條件沒辦法成立，就必須要賠償對方，這種賠償的請求權，稱之為「期待權」。

這種所謂的「期待權」，經常會被不懂法律的人胡亂引用，例如車禍案件，有些受害者會強調，自己如果沒有受傷，就可以接到多少訂單云云，所以要求對方要賠償訂單利潤。而最常見的錯誤引用期待權情況，竟然是遺產。有些遺產繼承人，會認為自己在父母還未身亡時，就有權利對父母的財產指點江山，認為反正這些錢未來都是他的，所以父母無權決定要把財產給誰。或者認為別人侵害了他的繼承權，因為爸媽「竟然」在生前就把財產分配出去。

在父母過世之前，所有的財產當然是父母的，而且只有父母能決定如何使用。父母可以透過遺囑，決定財產的分配，也可以生前就把財產移轉，甚至捐贈給不相干的機構或公益團體，事實上，所有的子女都不該、也不能有意見。畢竟這些財產都是父母賺取的，兒女在沒有任何貢獻的情況下，憑什麼要求父母必須考慮兒女不合法的「期待權」？只有從父母過世開始，繼承權才會落到子女手上，並且由子女共同行使權利、決定遺產的管理與處分方式。

在遺產繼承上，所有的子女，不分男女，更與結婚與否無關，權利都是相同的。然而，如果有長輩對於子女有所偏愛，那麼就應該在生前直接贈與給偏愛的子女，或是以遺囑的方式來分配。一旦過世，沒有任何孩子有權利認為哪些財產是自己的，因為所有父母的財產，在過世以後，就都成為公同共有狀態，沒有任何人可以單獨行使權利。任何人單獨行使權利，都有可能觸犯刑法。因此，有些父母在生前就會為子女買好保險或是定存單，這時候就不是遺產，而是已經贈與給子女，不納入遺產分配，那又是另外一回事。

其實，依法處理遺產，大概問題都不大，因為法律上有明確的規範，包括應繼分、特留分等等都有相關規定，只要依法處理，都不會有紛爭可言。但是，法律以外的「習俗」，卻才是真正導致紛爭的因素。第一種情況，就是父母沒有預留特留分，但卻以遺囑把所有資產給特定子女，子女為了爭奪某些特定資產，就會與其他子女訴訟，例如張榮發就是著名的案例，所有人都想要長榮航空的股份，那麼就無法很快地解決遺產紛爭，必須到法院處理。第二種情況，則是父母有重男輕女的傾向，因此不讓女兒有任何分配的機會，甚至要求女兒們拋棄繼承，當有女兒不願意接受時，同樣未來會有紛爭。第三種情況，也是重男輕女所導致的結果，父母沒有留下任何遺言或遺囑，但是男性繼承人認為自己才有權利處理父母的現金、珠寶等其他未記名的資產，同樣會引起其他人的不同意見。其實，只要按照法律規定，大概都沒問題，遺產的最大議題，其實都是不公平，而且這種不公平在父母生前沒有化解，因此導致在父母過世後，沒有人可以出來主持公道，而讓法院與律師業務大增。

因此，父母如果要避免這些情況，請先將重男輕女的傳統思維拋棄，現在已經不是清朝時代，不能再以這樣的觀念處理遺產議題。其次，如果真的要有特定分配，或者獨厚任何人，當然無可厚非，但不要讓兒女以為，都是被獨厚的人一手操弄。有些父母喜歡當好人，壞人讓其他被繼承人來當，明明想給，卻又不願意明說，導致拿到較多遺產的被繼承人，被其他子女忌恨，這都不會是好事。只是生前耳根清淨，但死後禍起蕭牆。為人父母，如果不想讓財富成為子女爭吵的根源，就請從遺產規劃清楚明白開始做起。

死者的自主權

他曾經猶豫，要不要請媽媽寫下遺囑，

可是對於一個不識字的九十餘歲老人來說，請她寫遺囑，

心裡實在很難跨越這條線。

面對這場訴訟，他非常無奈，因為等於是他個人對抗其他兄弟姊妹。在媽媽過世以後，他就孤立無援，可是，為了達成媽媽與爸爸合葬的心願，即使所有兄弟姊妹都反對，他還是只能繼續訴訟，讓法院為媽媽主持公道。

爸爸在七年前就已經過世，當時全家人就選好一塊墓地，讓爸媽以後可以合葬。媽媽年事也已高，當時兄弟姊妹的意思，就是由他照顧，百年以後，再一起土葬就好。不過，隨著爸爸過世後的遺產問題沒解決，一家人的爭論也端上了檯面。因為爸爸是退伍軍人，弟弟堅持要一次把退休俸領出來，均分給所有繼承人。但是他認為，應該要把領取半俸的權利給媽媽，讓媽媽可以安享晚年。從這個裂縫開始，兄弟不和，而其他姊妹跟弟弟比較要好，逐漸就變成姊妹與弟弟一起來對抗這個大哥。歷經了幾年的紛爭，爸爸的遺產訴訟還沒結束，媽媽竟然就過世。

媽媽過世以後，安葬的問題開始成為焦點。媽媽在生前，曾經親口跟他說，一定要幫她安葬在爸爸的墓地裡，他曾經猶豫，要不要請媽媽寫下遺囑，可是對於一個不識字的九十餘歲老人來說，請她寫遺囑，心裡實在很難跨越這條線。好在處理爸爸遺產訴訟的時候，媽媽曾經在法庭上親口對法官說，她希望百年以後可以跟先生一起合葬，也有記載在筆錄上，這樣總沒有問題了。然而，當他提出這個要求時，其他兄弟姊妹都反對。因為墓地的所有權狀在弟弟名下，他們的想法，是想要讓爸爸遷葬，跟媽媽一起火化以後放在靈骨塔裡。原來的墓地，就可以出售，其他姊妹支持這件事的原因，就是希望能夠分一杯羹。他們甚至也游說了媽媽，讓媽媽親手簽下買靈骨塔的契約，因此，兩邊各不相讓，只能讓法院判定孰是孰非。

那麼，應該由誰來提出訴訟呢？其他姊妹與弟弟已經宣稱他們召開親屬會議，決定要把媽媽火化，不安葬在爸爸的墓地裡。他當然反對這個決議，可是孤掌難鳴，所以就由他主動提告。跟律師討論完後，律師告訴他，這件事情沒有「請求權基礎」，他不懂，這跟法院能不能下決定有什麼關係？但是後來還是找出了過去的實務見解，決定提出「協力辦理殯葬事宜」的訴訟。只是，開庭以後，他遇到的問題依舊，法官就是不能理解，為什麼兄弟姊妹不能齊心協力，完成媽媽的遺願。

「法官大人，我媽媽當然有遺願，就是要把遺體與我爸爸合葬。她的意願，在上個訴訟的開庭筆錄上就有記載了。」他不服氣地說。

「不是，媽媽的想法就是要火化。媽媽認為，人死了以後簡單就好，不然她怎麼會同意我們去買靈骨塔？」姊姊不甘示弱地說。

「媽媽是被你欺騙才會答應的，不然她怎麼會在臨死之前，還跟我交代，一定要跟爸爸同住？你們根本就是想賣掉他們最後的家。」他憤怒地回應。

法官不耐煩地皺了眉頭，他看向大哥說：「請問，你認為遺體是物嗎？」他被這樣的問題問到不知道該怎麼回答，只好坦白說：「我不知道法律上我媽的遺體是不是物，可是媽媽的遺願應該要尊重。」

法官耐心地向他解釋：「法律上，遺體的性質是有殘餘人格權的物，跟一般的物確實有些不同。但是實務上我們不做區別，都是以親屬會議的決議為依據。既然你們兄弟姊妹的親屬會議決議要這麼做，法院原則上就會尊重親屬會議的決議。」

「可是法官，殯葬管理條例也有提到，要以死者的意願為優先，怎麼我媽媽的意願完全都不受尊重？」他還是堅持自己的看法。

法官嘆了一口氣說：「那麼，請你提出媽媽的遺囑作為法院的參考，好嗎？」

「我媽媽沒有留下遺囑。」他忿忿不平地說。「我怎麼可能讓九十幾歲的老人家寫遺囑！」

法官沒有多說什麼，但是很明顯的，大哥即將敗訴，而他，始終不明白，為什麼媽媽的遺願竟然不被所有人尊重，跟爸爸合葬，有這麼困難嗎？

呂律師聊天室

十年後老人們會關心的議題

任何人都一樣，縱然英明蓋世，到了死亡這個關卡，一律平等。而且在死亡以後，都是由生者決定死者的去向，死者無法作主。即便死者在生前有任何想法，如果生者有不同意見，還是以生者為主，死者當然沒辦法死而復生，向生者抗議。所謂的「善終權」，目前還只是著重在是不是要立法同意安樂死，或是安寧照顧能不能放棄無效醫療等等的議題。這些議題的特色，就是著重在人即將死、但還沒死的時候，只要人一死，彷彿死者的意願就不再是重點。

關於死後，第一個議題當然是遺體要如何處理。我們在殯葬管理條例上，有鉅細靡遺的規定，而刑法對於破壞墳墓等行為，也有相關的規範處罰。人死後的遺體，目前實務上普遍認為，是一種具有「殘餘人格權的特殊物」。因為活人具有人格權，民、刑法上都有保障生者人格權的規範；但是死亡以後，法律的所謂「殘餘人格權」，與活人的人格權有何不同，從字面意義上解釋，就是多了「殘餘」兩個字，可是多了這兩個字，究竟在法律的處理上，與一般的物，有什麼不同，實務見解對於這件事，避而不談。現在的處理方式，都是把遺體當作一般的物，以親屬會議的決議作為依歸。因此，要如何處理遺體，就像是要如何辦理後事一樣，都是由親屬會議以多數來決定。換句話說，如果親屬會議決議要火葬，那就火葬，死者當然沒有辦法表示意見。

那麼，殯葬管理條例究竟有沒有相關的規範，保障死者意願呢？根據殯葬管理條例第六十一條的規定，「成年人且有行為能力者，得於生前就其死亡後之殯葬事宜，預立遺囑或以填具意願書之形式表示之。死者生前曾為前項之遺囑或意願書者，其家屬或承辦其殯葬事宜者應予尊重。」白話文的意思，就是成年人可以以遺囑的方式，或是填具意願書，表示要如何辦理殯葬事宜，生者「應該」要尊重。可是，這不是民法上的請求權基礎，也就是說，縱然有死者在生前以遺囑表示，要進行土葬，結果多數家屬認為應該要火葬，縱然當中有人反對，認為應該要土葬，也無法以這個條文請求法院判決土葬，只能以「請求協力辦理殯葬事宜」這種模糊不清的訴求，讓法院判斷。

可是，有趣的是，既然不是請求權依據，就算死者的遺願明白在遺囑中表示，而且家屬也「應予」尊重，也不是「得予」尊重。因為沒有條文可以請求，也沒有違反第六十一條的法律效果，這時候這項法條就完全被架空，只是一種所謂的「訓示」規定。白話文的意思是，拜託各位家屬，如果死者有遺囑表示意願，就請各位家屬盡量尊重死者的意願。但如果各位家屬不願意尊重，死者固然不能提告，活著的人也沒有辦法依據這項條文提告，因為這個條文，並不是請求法院判決的請求權依據。既然沒有請求權依據，這項法條就是形同具文。

聽起來其實很悲哀，也就是說，自己想怎麼活，沒有人能勉強自己。可是當死亡來臨以後，死者希望辦理怎麼樣的喪禮、自己的遺體應該如何處理，其實都只能仰賴活著的人「應予尊重」意願。如果活著的人不願意尊重，那也就不願意，沒什麼法律上的效果，連其他人有意見，要幫死者說話，法院都沒辦法幫上忙，因為法條就是沒有給予死者這樣的權利，遑論活著的其他人。因此，立法院或許必須要在死亡權這件事情上，多做些研究與努力，讓死者至少有法條依據，可以讓他選擇，究竟要入土為安，還是要成為浴火鳳凰。否則，就像我，想要在喪禮上放爵士樂與歌劇，不能放佛經，不許來人掉眼淚，大家開心地送我走，把人燒了，骨灰就做成小鑽石，可以隨身攜帶，恐怕不一定會有人願意遵守。這時候，我又不能死而復生，恐怕會成為這一生中，最大的遺憾了。

如果不想要有這樣的遺憾，請我們的立法院，多看看老年化社會即將帶來的議題，或許在十年前，這不是重點；但十年後，肯定會是眾多老人們關心的焦點。

Chapter 4 老後的死亡……

1 繼承基本原則：限定繼承

父債子還？

她在葬禮結束後，收到了銀行寄來的通知，
原來他已經積欠銀行二十餘萬元的信用卡費沒有繳納；
她打電話告知銀行，爸爸已經過世……

爸爸過世了，這對他們來說，是一件沒有感覺的事情，或許對她個人來說，甚至是想要開心慶祝的事情，只是她不敢說而已。畢竟，這是她爸爸，按照社會的一般觀感，爸爸過世了，不論他生前做了多少壞事，總是自己的爸爸，雖然不至於到「天下無不是的父母」這種程度，開心，還是一種很「奇特」的情緒。

可是，她覺得理直氣壯，因為這個「爸爸」，如果能稱得上是爸爸，根本沒有負起應盡的義務。從小，她對爸爸的印象，就是會對她跟哥哥動手，而且只要喝醉酒，打起人來就特別凶。爸爸的工作究竟是什麼，她其實不是很明白，應該是以賭博為生，所以，當六合彩開獎時，他們就特別緊張，如果那天的結果不如意，爸爸就會痛打他們一頓，而媽媽，也只能躲在一旁發抖。這種日子，直到爸爸因為欠組頭太多錢，只好跑路，他們的人生才開始轉變。媽媽當清潔工賺錢，把他們養大成人，而這個父親，不常出現，只有在跟媽媽要錢的時候，才會偶爾回家。又過了幾年，他完全消失，一度還以為他死了。

不過，他當然沒死，只是為了躲債，到處打工維生，可是身體不太好。這也難怪，畢竟他吸菸、喝酒、檳榔，樣樣都來，又不照顧自己。可是，辛苦的就是媽媽跟孩子，因為他們經常得要湊錢讓他去看病，或者也得要給他一些扶養費。就在前幾天，姑姑打電話給他們，告訴她，爸爸在家裡喝酒的時候，心肌梗塞，已經在醫院過世，希望他們能去看他。在醫院裡，媽媽的表情還有些難過，但是他們兄妹完全沒感覺，只覺得自己解脫了。她以為，這些事情終究已經結束，不用再受到他的折磨。

爸爸的喪事辦得很冷清、簡略，沒什麼人到場。可是，事情沒完。她在葬禮結束後，收到了銀行寄來的通知，原來他積欠銀行二十餘萬元的信用卡費沒有繳納；她打電話告知銀行，爸爸已經過世，銀行的服務人員沒說什麼話，只答應會轉達公司法務人員。她心想這樣應該沒事了。想不到，幾天以後，竟然有幾個人到她家來，跟媽媽說，先生欠錢不還，要媽媽跟孩子還錢。看來，這位爸爸生前不放過他們，死後也還是要讓他們難過。第一個棘手的問題，就是這些黑衣人要怎麼處理？根據他們的說法，爸爸有跟他們簽署本票，借了一百萬元，她沒多說什麼，只是淡淡地跟他們說，請他們去做本票裁定。

他們聽到這個答案就楞住了，問了她，「你爸的債務，你們全家都要負責！父債子還，你沒聽過嗎？」她冷笑跟他們說：「現在都已經是限定繼承，沒有父債子還的問題，你們不懂嗎？」聽到這個答案，他們覺得更詭異，怎麼會有債務人的孩子這麼光明正大地拒絕還債，於是開始大聲威嚇她，跟她說：「如果不還錢，我們就派人來你家站崗，看你要怎麼辦？我們會照三餐來拜訪你。」她還是保持一貫冷靜地跟他們說：「你們說的話都已經錄音了，我們沒有義務還錢，因為沒有繼承我爸的任何資產，如果你們堅持用這種方式要債，我會去警察局報案，你們可能會有組織犯罪條例、恐嚇罪、重利罪的問題，你們自己想清楚。」這些人聽到這個小女生竟然這麼「勇敢」，只好訕訕地離開他們家，再也沒有出現過。只聽到那個帶頭大哥回過頭跟她說：「算你狠！」

至於銀行，她花了點時間，整理財產清冊，向法院提出限定繼承的聲請。爸爸沒有留下任何財產，只有一堆負債，她整理完所有文件以後，法院也准予備查，就等銀行提告了。果然，兩個多月後，法院來了通知，銀行對全體繼承人提告，要求他們償還父親的債務，因此全體繼承人得去法院開庭。她請媽媽與哥哥委任她，擔任代理人，到了法院以後，就把限定繼承准予備查的公文，以及爸爸的財產清冊給他們，銀行人員在交頭接耳後，決定當庭撤回訴訟，整件案子就這麼結束了。結束時，銀行人員問了她一句話，為什麼她這麼熟悉這些過程。

她笑了，因為她是律師。

呂律師聊天室

限定繼承該注意的事

民法規定，繼承人過世時，配偶是當然順位，與其他人一起繼承，順序分別是：直系血親卑親屬（如子女、養子女及代位繼承的孫子女等）、父母、兄弟姊妹、祖父母等四個順位。只要前面的人還在，後面的人就不能繼承。不過，繼承這件事，不一定是相爭財產，更多時候，許多人對於繼承避之唯恐不及，因為長輩可能根本沒有留下任何資產，只有滿滿的負債。

從一九三〇年以來，我國就採行概括繼承政策，也就是傳統的「父債子還」觀念在法律上的落實。但是，這樣的法律，讓許多家庭陷入不幸。雖然民法另外設計拋棄繼承、限定繼承的規定，但都必須在一定時間內向法院提出聲請，一旦時間過後，就會全面概括繼承，也就是不論有沒有資產，繼承人都得接受被繼承人遺留下來的負債，因此導致許多孩子在成年後，立刻莫名其妙地接收先人的鉅額負債。然而，這種情形在二〇〇九年終於獲得調整，立法院三讀通過繼承編修正案，將原本的全面概括繼承改為原則限定繼承，也就是只要履行「陳報財產清冊」的責任，就可以在法律上擁有限定繼承的權利。

所謂的限定繼承，是指「繼承人自繼承開始時，除本法另有規定外，承受被繼承人財產上之一切權利、義務。但權利、義務專屬於被繼承人本身者，不在此限。繼承人對於被繼承人之債務，以因繼承所得遺產為限，負清償責任。」白話文的意思，就是繼承人繼承多少財產，就承擔多少負債，但為了防止被繼承人生前藉口贈與，實際上是故意將財產大幅移轉與未來的繼承人，以減少遺產的脫產行為發生，民法也明定「繼承人在繼承開始前兩年內，從被繼承人受有財產之贈與者，該財產視為其所得遺產。前項財產如已移轉或滅失，其價額，依贈與時之價值計算。」也就是說在這條件下的贈與，視為遺產的一部分，要將贈與的數額歸入遺產計算，用來保障債權人的權益。

不過，民法雖然賦予繼承人限定繼承的權利，還是要求繼承人必須承擔開具遺產清冊的義務。繼承人在知道可以繼承開始的三個月內，必須開具遺產清冊陳報法院。如果三個月時間不夠，法院也可以因為繼承人的聲請，以延展更長的時間。而債權人在知道債務人死亡後，為了讓權利義務及早確定，也可以依法向法院聲請，要求繼承人在三個月內提出遺產清冊。儘速進行遺產清算的程序。開具遺產清冊的程序非常重要，因為如果繼承人沒有在繼承開始的三個月內，向法院陳報遺產清冊，債權人可以就應受清償而未受償之部分，對繼承人行使權利。這時候，繼承人對於原本已經豁免的債務清償責任，就不以所得的遺產為限，不能再主張限定繼承。

在修正這項法律的同時，立法院也通過繼承編施行法，把過去的概括繼承受害人，也就是沒有拋棄繼承，因此背上鉅額債務的未成年人豁免債務。而沒有與父母同住，因此對於父母的債務完全不知情，也沒有因為這些債務而獲得好處的成年人，因為由他們繼續還債，顯然有失公平，因此修法時也一併豁免，一樣可以取得限定繼承的利益。對於過去因為不知道法律規定，而背負父母鉅額債務的人來說，相當重要。因此，上次的大幅修法對於民眾而言，確實有相當大的幫助。

面對先人的負債，如果已經沒有資產，最好的選擇其實是拋棄繼承。可是如果並不確定被繼承人到底是不是資產高於負債，最好的方式，還是去做限定繼承，讓自己可以避免不可知的法律風險。事實上，許多人拋棄繼承，也不是在乎被繼承人到底是不是資產高於負債，而是純粹對於被繼承人長期以來不聞不問，甚至虐待繼承人，而不能接受，因此不願意跟這個人有任何牽扯，才會向法院聲請拋棄繼承。不過，這種思維模式就不是法律問題，而是家族議題了。

2 繼承的例外原則：
拋棄繼承

去世的媽媽與負債的妹妹

當所有人的生活都逐漸回復平靜時，

姊姊與哥哥都收到開庭通知，是銀行對他們提出的訴訟，

要全體繼承人一起去法院調解開庭……

五月間，因為武漢肺炎突然在臺灣爆發，媽媽就這麼過世了。對於他們這些孩子而言，媽媽的過世簡直讓他們毫無心理準備，明明前幾天還活蹦亂跳，怎麼只因為去菜市場回來沒幾天，就發燒咳嗽，接著確診，然後就再也沒見過她了。這件大事讓大家都無法接受，哥哥立刻從高雄趕回家，然而，妹妹無論如何都聯繫不上。應該說，妹妹在十年前就已經很少回家，他們也不知道妹妹在做什麼，只知道她外面應該欠債不少，所以很少回家。只是，現在媽媽過世，非得通知她到場不可。於是，姊姊努力地聯繫妹妹可能還有聯繫的朋友，幾天後，終於聯繫上妹妹，她聽到這個消息，同樣非常震驚，立刻回家奔喪。

在辦理喪事期間，大家忙成一團，兩星期後，大家總算比較有空，可以坐下來聊聊。哥哥問了妹妹，現在的工作穩定嗎？妹妹很不好意思地回答，現在還在躲債，銀行的卡債、還有地下錢莊的借款，都還有「一些」沒有償還。所以只能做一些臨時工維生。大家聽到妹妹這麼說，並不意外，但是既然妹妹沒有麻煩過他們為她還債，大家也不好意思評論些什麼。閒聊一陣以後，哥哥提到，因為媽媽過世的時候太突然，沒有任何遺囑跟規劃，爸爸已經過世，現在媽媽留下了一間房子，以及為數不多的存款，大家覺得應該怎麼處理？

大家的目光移轉到妹妹身上，因為目前有欠債，她對於這件事也了然於胸，因此妹妹主動提到，她希望房子給哥哥繼承，存款給姊姊，她什麼都不要。媽媽在生前，也幫助她很多，現在不好意思再跟大家爭取遺產。大家聽到這一席話，統統鬆了一口氣，原來妹妹是這麼通情達理的人，既然她都這麼說了，哥哥當下拍板，所有的遺產還是分成三份，由三個子女繼承，哥哥繼承媽媽的房子，再給其他兩個女兒一些錢作為補貼。妹妹聽到她竟然還能拿到哥哥給的錢，頓時熱淚盈眶。她跟哥哥說，這次回來，真的不是要來分遺產的，謝謝哥哥對她的好意。哥哥則是大手一揮，跟這個妹妹說，大家都辛苦，欠債也是沒辦法的事情。兄弟姊妹，這時候要團結對外。當下大家都沒異議，為了地政事務所的登記需要，於是當下簽署了一份遺產分割協議，妹妹很識趣地同意在上面不掛名，因為如果哥哥給她的錢有寫在分割協議上，可能未來會被銀行或地下錢莊發現，這樣恐怕又會給家裡人帶來困擾，因此協議上只有兩個人的分配方案，就是房子給哥哥、現金給姊姊，但是妹妹什麼都沒拿。三個人在分割協議上簽名以後，就請代書幫忙，送去地政事務所處理了。

在處理完喪事與遺產分割協議後，妹妹的戶籍雖然還在這裡，但因為擔心自己的負債會對家裡造成影響，萬一有人追到這裡來就不好了，於是隔幾天後就離開家裡，也沒有再跟家裡人聯繫。半年後，當所有人的生活都逐漸回復平靜時，姊姊與哥哥都收到開庭通知，是銀行對他們提出的訴訟，要全體繼承人一起去法院調解開庭，而通知他們開庭的案由，竟然是「撤銷遺產分割協議與代位請求分割遺產」的訴訟。姊姊收到這份通知，完全看不懂這是什麼事情，不是遺產都已經分配好了，怎麼還會有銀行對他們全體繼承人提出訴訟？收到通知的當下，哥哥非常生氣，以為這個妹妹又做了什麼事情，連忙請朋友再聯絡妹妹。輾轉聯絡到她以後，妹妹也一頭霧水，因為她除了先前欠債之外，並沒有再跟任何人借錢，不知道發生什麼事。

哥哥見狀不行，只能趕緊詢問律師。而律師告訴他，這是因為如果妹妹欠債，在先前就應該做拋棄繼承，而不是參與遺產分割協議，現在已經過了拋棄繼承的時間，看來只能清償妹妹的債務才能解決問題了。哥哥聽到這樣的話，還是不能理解究竟發生什麼問題。面對銀行追債，他們到底應該怎麼辦？難道就是幫這個妹妹還債嗎？可是無論如何，他不甘心，前面已經付給妹妹一筆錢，現在竟然還要再拿錢出來處理她的債務，這是怎麼一回事？

呂律師聊天室

拋棄繼承該注意的事

當被繼承人有債務，而沒有任何財產，我們都知道要拋棄繼承。一旦所有繼承人拋棄繼承，就會由下一個順位的繼承人繼承，而所有順位的繼承人都拋棄繼承時，所有的繼承程序就會結束。但是，有沒有可能出現被繼承人有資產，也沒有負債，但繼承人卻不願意繼承。這種情況當然有可能出現，也稱為拋棄繼承。為什麼會有這樣的情況？比較少見的情況，是繼承人不願意與被繼承人有任何關連，如果同一順位的繼承人，只有一名拋棄，則這名拋棄繼承的繼承人應繼分，就由其他同一順位的繼承人平分。

一般比較常見的情況，是因為繼承人有負債，只要繼承，就會讓債權人取走資產，因此不願意繼承資產，寧願給其他兄弟姊妹繼承，也不願意讓債權人得利。這時候，在法律上，債權人無可奈何，因為拋棄繼承是繼承人的權利，他想要拋棄權利，其實其他人無權有意見。而有些繼承人，會私下與其他繼承人達成協議，雖然拋棄繼承，但是私下再從其他繼承人手中取走部分的財產。這時候，只有債權人得不到任何利益，但是債務人還是得到了比應繼分更少的現金，而其他繼承人也得到比原本可以拿到的更多持分，繼承人之間皆大歡喜。

繼承開始後，必須要有遺產分割協議，並且由所有繼承人簽名同意。這樣的設計，可以確保所有人對於遺產分配的同意權。可是，有些繼承人，因為對民法的規定欠缺認識，又不願意放棄自己的權利，因此在遺產分割協議上簽名，結論還是放棄自己的繼承權，讓被繼承人的財產全部由其他人繼承，其他繼承人再私底下給這個人現金，避免被其他債權人查封，這在被繼承人有不動產的時候特別常見。可是，這樣的做法，在民法上卻是有問題的，因為根據民法規定，債務人的法律行為，如果有害於債權人，債權人可以依法撤銷。拋棄繼承因為涉及到身分權的單獨行為，債權人無法撤銷，可是達成遺產分割協議，卻是可以撤銷的法律行為，因此當債務人捨去拋棄繼承的程序，竟然簽署對自己不利的分割協議，債權人就有權利可以撤銷債務人的不當行為。在撤銷以後，被繼承人的財產就回復成公同共有，債權人再依法對全體繼承人主張要代位分割遺產。所謂的「代位」，就是代替債務人的位置，對全體繼承人主張重新分割遺產，並且取得等同於債務金額的權利。

原則上，其他兄弟姊妹有負債的情況，與全體繼承人並無關連，所以債務人到底要不要拋棄繼承，債務人應該要自己決定。如果債務人認為，以繼承所得的財產還債，是天經地義的事，當然也很好。只是說，債務人如果不願意讓債權人在被繼承人的財產中得利，重點應該是拋棄繼承，而非以遺產分割協議的方式進行，否則債權人依法處理時，就真的與全體繼承人有關了。如果全體繼承人所繼承者都是現金，倒也無妨，因為既然有繼承人欠債，這筆錢用來還債，似乎也理所當然，只要把這些比例的現金處理給債權人即可。可是，一旦繼承的財產是不動產，就會比較複雜，因為陌生的債權人取得不動產持分，對於其他繼承人來說總是不方便，甚至如果債權人有其他想法，還會有分割共有物的問題。債權人可以在取得持分後，向法院聲請拍賣不動產取得金錢，而債權人這時候已經是不動產持有人，就有優先承買權，對於其他繼承人來說，是非常危險的情況。

因此，當遇到繼承問題，如果自己有債務，請優先選擇拋棄繼承，對於所有繼承人的保障最大，也不會造成其他繼承人的困擾。當然，如果是誠信的債務人，願意拿繼承所得的財產償債，我們也應該認可這樣的行為就是了。

3
繼承的例外原則：
無效的拋棄繼承

家族的裂痕

每個月爸爸的開銷也不小，疫情看來還是不好，
他的工作也有可能受到影響，家裡就她一個女兒出嫁，
但是他跟弟弟也各自有自己的家要養，
是不是應該要一起承擔扶養費，才是做子女的道理？

這幾年來，爸爸的身體狀況一直沒有起色，畢竟年紀大了，跌倒以後就不容易好，最近講話也有些不靈活了。因為她已經結婚，並沒有與爸爸同住，所以照顧爸爸的責任就交給了哥哥。如果爸爸得要住院，她就會去幫忙，但是看護費、生活費，都還是由哥哥「主持」。所謂的由他「主持」，就是她沒有付爸爸的扶養費，因為自己家裡的生活開銷也是捉襟見肘，一切的開銷，「似乎」是由哥哥全額支付，但是她並不瞭解是不是真的如此，因為爸爸還有房子出租，也有不少存款，只是她都沒過問就是了。爸爸生病她都沒出錢，還去管娘家資產，想來也不太厚道。

不過，隨著爸爸的病情沒有好轉，甚至有越來越嚴重的情況，哥哥來找她談了。哥哥的意思，是希望她可以一起負責爸爸的扶養費，畢竟每個月爸爸的開銷也不小，疫情看來還是不好，他的工作也有可能受到影響，家裡就她一個女兒出嫁，但是他跟弟弟也各自有自己的家要養，是不是應該要一起承擔扶養費，才是做子女的道理？她聽著這段話，覺得似乎也有道理，可是，她想了想，自己是家庭主婦，很難從先生的薪水裡再拿多少錢出來。而且，她又想，爸爸在幾年前生病的時候，就已經過戶一間房子給哥哥，也拿了一些錢給弟弟，她卻什麼都沒有。她覺得這樣好像也不是很公平，於是鼓起勇氣跟哥哥詢問，那間房子的去向，沒想到哥哥聽到以後，非常生氣，怒罵她出嫁了還要管家裡的財產，然後轉頭就走。

被哥哥這麼一罵，她好像有點清醒，可是腦袋還是有些渾沌。她有義務要扶養爸爸，但是沒有權利管爸爸的錢怎麼給哥哥？好像權利與義務不太對等的感覺，於是她決定再想想，畢竟也還沒想好怎麼跟老公開口。不過，哥哥沒讓她想很久，幾天以後她收到哥哥的存證信函，內容殺氣騰騰，要求她要給付扶養費，否則會告她遺棄。重點是，過去他們兄弟為爸爸付出的這些錢，統統要求她得要一起承擔。不過，他們有給了她一條「活路」，如果她願意拋棄繼承，這件事大家就算了。收到這封信，她覺得膽顫心驚，不知道自己犯了什麼錯，為什麼哥哥竟然會大動干戈，發了這封信給她。

看到這封信，她知道一定要面對了。所以她鼓起勇氣跟老公討論，到底家裡能不能再擠出一點錢，讓她可以扶養爸爸。拋棄繼承這個名詞，她覺得很陌生，似乎是拋棄跟爸爸的所有關係，以後也不能對爸爸的所有事情說得上話。跟這個比較起來，反正負擔爸爸的扶養費是應該的，她寧願想辦法處理。先生聽完她的狀況以後，兩個人決定把孩子其中一個才藝課停止，至少可以每月擠出五千元給爸爸。她以為這樣就可以解決哥哥的困難了。於是，她打電話給哥哥，希望這件事情可以妥善處理。哥哥接到她的電話，並沒有任何開心的感覺，而是直接表明，五千元並不能做什麼，就算她給了五千元，以前的要怎麼算？簡單來說，哥哥就是要她拋棄繼承，如果不願意，就得要拿上百萬元出來，否則一樣會告她。

她聽了這席話，才知道哥哥的重點並不是在扶養費，而是在於要求她要拋棄繼承。先前提到的扶養費，不過就是障眼法，因為他很清楚他們家不可能一次拿出上百萬元的「代墊扶養費」，而且，爸爸一個月到底能用多少錢，他沒講，也不是嫌棄她給的數字太少，卻是直接回絕。在這種情況下，無論怎麼愚笨的人也會知道他的目的了。可是，她真的拿不出錢來，難道就只能這麼做嗎？在走投無路的情況下，她只好發訊息給一位在臉書上追蹤很久的律師，詢問他到底該怎麼做。想不到，律師竟然建議她，扶養費不用給、拋棄繼承可以簽名，也可以不簽名。聽到這樣的答案，她開始懷疑這位律師的專業度。他是自己的親生爸爸，扶養費怎麼可以不給？拋棄繼承就是她與爸爸之間的關係連結，她怎麼可以簽名？

哥哥給她的期限就在明天，她到底該怎麼辦？

呂律師聊天室

什麼是無效的拋棄繼承？

扶養義務，對於未成年子女來說，是一件很玄的東西，如果不是對於家事法有基本認識，或許連專業人士都不一定可以理解家事法在扶養義務上的規定。先說結論，父母沒資產，但是年輕力壯，可以請求子女扶養；父母有資產，但是罹患重病，不能請求子女扶養。從法律上的規定來看，就可以知道，子女到底要不要付扶養費，判斷是在於父母有沒有錢，而不是父母有沒有謀生能力。換句話說，如果父母還有能力在往生以後留下遺產，就不能要求子女扶養，應該優先用自己的錢照顧自己。

所以，父母有錢的時候，其他兄弟姊妹「自願」盡孝心，每月都給父母一筆「孝親費」，往後能不能要求沒給的人「還錢」？也就是所謂的「代墊扶養費」？答案很殘酷，當然不行。因為法院沒辦法確認這是贈與，還是借款？而且，縱然所謂的代墊扶養費是民法上其他應扶養人的不當得利，根據民法規定，給付如果是道德上的義務，也不得請求返還，因此，這些過去發生的「孝親費」，沒有給付的其他子女不必返還給付的子女。那麼，其他兄弟姊妹如果在父母沒有錢的情況下，決定要照顧父母，這部分的概念相同，只能由父母向所有子女請求扶養，而不是在父母沒有要求的情況下，自己支付扶養費以後，再向其他子女索要。換言之，所謂的「代墊扶養費」，在父母照顧未成年子女的情況，可以主張，因為父母是未成年子女的法定代理人，可以由實際扶養孩子的父或母，向沒有付錢的人要求；但是在成年子女照顧父母的情況，因為無權代理成年的父母，所以不能主張的。真要主張，由父母主張，或是先對父母聲請監護宣告，成立以後，成為父母的法定代理人，再向其他子女請求，才有法律上的依據。

而把拋棄繼承與扶養費兩種不同的概念湊在一起，更是牛頭不對馬嘴。「不孝」就不能繼承這種事，在法律上不能成立，原因是「不孝」這種概念太過抽象與空泛，一般而言，只有在對父母有重大侮辱或虐待，經父母表示不得繼承，才有剝奪繼承權的問題。但是如果只是單純的「不回家看父母」、「不負擔扶養費」，都不是剝奪繼承權的要件，當然更不構成不能繼承的原因。可是，在親情壓力下，有可能會有子女在父母或其他兄弟姊妹的要求下，在父母還沒過世前，就簽署拋棄繼承的聲明，這樣究竟有沒有效用呢？其實並沒有。繼承，從被繼承人死亡時才開始發生效力，被繼承人還沒死亡，繼承就不會有效力，拋棄一個還沒發生的權利，當然更沒有效力。因此，在父母生前就拋棄繼承，其實要寫幾張就幾張，在實務上一點用處也沒有。

所以，在現實生活中，我經常鼓勵「遇到父母或兄弟要求簽署拋棄繼承書」的女生，我特別強調女生，是因為通常都不是要求男生，當他們要求簽署時，就大方簽署下去。一則可以維繫家庭關係，往後父母與兄弟「或許」會心生愧疚，對女兒或姊妹好一點，至少回家不會尷尬，老是被指著鼻子罵，說女兒就是想要娘家的財產，但我也只是說「或許」，有可能他們仍然認為是理所當然。二則，如果不願意簽署，父母或兄弟可能會因此很緊張，急著要把爸媽的財產移轉到兄弟名下，這時候是生前贈與，女生拒絕簽署，反而適得其反，促使他們提早脫產，這並沒有必要。

如果不是因為要躲避繼承人被追債，而是因為性別原因，要求女性拋棄繼承，一點道理也沒有。固然父母賺的錢，想怎麼用是他的事，可是他可以勇敢一點，在生前就過戶給兒子們，沒有人有辦法干涉。一方面不過戶給兒子，另一方面卻又要求女兒拋棄繼承，於理不合、於法不符。二十一世紀已經過了五分之一，現在不是光緒年間，重男輕女而衍生出的「要求女兒拋棄繼承」手段，只會撕裂家族情感，還是請所有的父母三思。

公道

爸爸只會幫你們，然後跟我說，做大哥的要有度量。

小弟生意失敗，回家哭就有錢拿；

你買房沒有錢，爸爸就贊助你。可是，我都得要靠我自己努力，還得要奉養他，你覺得這樣公平嗎？

爸爸過世了，全家人都非常傷心。照顧爸爸的大哥，立刻通知她與弟弟，不顧嚴峻的疫情，弟弟立刻從南部趕回臺北；她也從宜蘭的婆家回到娘家。他們姊弟的感情一直很好，跟爸媽的親情更不用說。幾天下來，因為葬禮的原因，他們得要一起幫忙，感情又更好了。如果不是那天晚上，兄弟姊妹之間的感情，應該可以這麼維持下去。

整件事，是哥哥開口的，第二天就要出殯，所有的雜事也都忙完了，所有人就群聚在靈堂前聊天。哥哥突然開口，問了弟弟幾年前的借款，那是弟弟跟爸爸借的一筆錢，數字不小。當時是因為弟弟做生意失敗，急著要周轉，爸爸當時也考慮很久，可是弟弟帶著全家來，爸爸也不好意思拒絕，於是把多年的定期存款解約，借了弟弟兩千萬元。當時弟弟拿到錢，千謝萬謝，所有人都知道這件事，可是後來爸爸生病，弟弟因為在臺南，不常回來也是沒辦法的事，但關於借錢，他自己彷彿已經淡忘有這回事。哥哥這時候提起，弟弟臉色一變，沒多說什麼。可是哥哥不放過他，繼續追問。

「爸爸現在留了這間房子，我看了實價登錄的價格，附近大概都有三千萬元上下，按照這樣的價格，如果我們一人一份，兄弟姊妹各自可以拿到一千萬元，你覺得該怎麼處理比較好？」哥哥問了這個令人尷尬的問題。

「賣掉分錢。」弟弟簡單回答四個字。「這有什麼好問的？」

哥哥突然覺得好笑，說：「所以你覺得我剛剛提醒你那件事，是隨便問的嗎？賣掉分錢，你要分多少？」

「當然是一千萬元，這有疑問嗎？」弟弟不滿地回應。

「不，你不能拿。而且，你還欠我跟妹妹錢。你欠爸爸錢，而爸爸的財產已經是我們三個人共有，所以現在是你欠我錢，你可以理解嗎？」哥哥耐著性子說。

「豈有此理！」弟弟不高興地說。「爸爸當年匯款給我是事實，但是他人都死了，人死債消，不是這樣嗎？」

「人死債消的意思是你死，不是爸爸死。」哥哥好氣又好笑地說。「你現在就是得要還錢。」

現場的氣氛有些火爆與尷尬，她覺得情況不太對勁，於是鼓起勇氣向兩個兄弟說：「要不要等爸爸出殯結束以後再來談。在爸爸的靈堂討論這件事，不太好吧？」

哥哥似笑非笑地看著她。「你也是一樣。你雖然沒有跟爸爸借錢，可是你別忘記了，你在結婚的時候，爸爸有給你一筆頭期款買下宜蘭這間房子，沒錯吧？」

關於炮火延燒到她身上，她有點不開心，「你們兩個人吵架，幹麼扯到我身上來？」

「不，本來就跟你有關。」哥哥說。「爸爸給你的嫁妝，原本也就是遺產的一部分，你也得要把這筆錢拿回來分。」

聽到哥哥說這番話，她真的生氣了。「憑什麼爸爸送我的錢，你現在覺得應該要拿回來當作遺產計算？你去問爸爸，他當時有這個意思，以後要把這筆錢拿回來分配嗎？」

「可惜，爸爸過世了。」哥哥不無嘲弄地說。「我們都沒辦法問他，當時他是怎麼想的。可是，嫁妝要列為遺產分配，這是事實。早在你們回家以前，我就已經問過律師，不論是嫁妝或是借款，都必須要拿回來作為遺產的一部分，所以，現在的情況就是要把這部分扣除。如果你不信，可以去問你自己找的律師，他會給你答案。」

她只覺得莫名其妙，不知道哥哥在這個時候提出來這些事情要做什麼。只見哥哥緩緩地說：「從小到大，我就是大哥，什麼好處都沒有，爸爸只會幫你們，然後跟我說，做大哥的要有度量。小弟生意失敗，回家哭就有錢拿；你買房沒有錢，爸爸就贊助你。可是，我都得要靠我自己努力，還得要奉養他，你覺得這樣公平嗎？」她跟弟弟聽到哥哥這麼說，目瞪口呆，原來長久以來，哥哥就是這麼看他們的。

「我現在就是要一個公道而已。出殯結束以後，我會請律師跟代書來處理這所有的事情，該怎麼辦就怎麼辦，我們依法處理就好。」說完這些話，他就離開靈堂，留下錯愕的她與弟弟在現場。

呂律師聊天室

遺產分割時要注意的「三扣」

在遺產分割時，沒有學習過民法繼承編的人，很容易遺漏所謂的「三扣」。這「三扣」，分別是「扣還」「歸扣」「扣減」。扣減與特留分有關，往後會再討論這個議題。而扣還與歸扣，則是在計算遺產時，非常重要的關鍵點。

所謂的扣還，相對比較簡單。就是繼承人與被繼承人間，如果有債權債務關係，繼承人向被繼承人借款，則在遺產分配時，這些債權必須列為遺產總額的一部分，由繼承人共同繼承。舉例來說，父親過世，沒有任何債務與資產，而由三個孩子繼承。如果其中一個孩子積欠父親三百萬元，則三百萬元的債權，就成為父親的遺產，由三人共同分配。此時，另外兩個孩子就各取得一百萬元的債權，可以向欠債三百萬元的孩子請求。簡單來說，欠父母的錢，不會因為父母過世，債務就煙消雲散，除非其他子女對於這件事沒意見，否則的話，債權人就會移轉到全體子女身上，身為債務人的子女，還是必須清償。值得注意的是，債務人即使拋棄繼承也沒有用，因為繼承是權利，權利可以拋棄，但是負債是義務，沒有拋棄義務這種事。因此，不要以為向父母借錢無所謂，如果沒還，最後終究還是得還。

另一個概念，我們稱為歸扣。被繼承人生前，因為繼承人結婚、分居或營業而贈與的財產，應該按贈與時的價值計算進遺產之中，但被繼承人於贈與時有反對之意思表示者，不在此限。簡單來說，有三種情況，子女收受父母的贈與，在未來父母過世時，是要把這些贈與視為遺產的。第一種情況，是結婚。子女結婚時，父母經常會給予女兒嫁妝，或是給兒子聘金等等，甚至是買房子贈與即將結婚的孩子。這些贈與孩子的金額，就是歸扣的標的。第二種情況，就是分居，當子女原本與父母住在一起，成年以後要搬走，父母因而買房子給孩子，或是贈與金錢，這也是屬於歸扣的範圍。最後是營業，當子女要創業，父母因此贈與子女金錢，或是提供任何有形的資產讓子女創業，這也是歸扣的範圍。這三種情況，法律上稱之為「特種贈與」，在民法實行之初，還是一九三〇年，許多傳統家庭都是家大業大，結婚、分居、創業等等行為，在傳統的觀點來看，都有「提前分家」的意思在其中，因此才會有這種特別規定。可是在現代的觀點來看，就不是切合實際的立法。

為什麼？因為現代已經不比傳統，當子女結婚、分居、創業，不必然就應該與其他的贈與區別開來。在民國初年時，這些行為或許分家意味濃厚，但現代卻不一定是如此。況且一旦主張歸扣，根據法律規定，是以贈與時的價值為計算標準，即使這些動產或不動產已經滅失或是處分，也要按照原本的金額納入遺產計算。舉例來說，當時如果贈與的股票上千元，可是現在卻已經下市，受贈人必須承擔類似「終生保管」的責任，父母過世時就得要原價返還，這對於受贈人來說，情何以堪？

當然，民法上另外設計了豁免的條文，也就是如果被繼承人在贈與時當下表示，往後可以不必歸扣，這時候就可以不納入遺產範圍。然而，懂法律的人畢竟不多，很少人會在贈與時記得要跟繼承人請求豁免，或是繼承人主動豁免。更何況，根據條文文義，只有在「贈與時」表示豁免才行，那麼如果被繼承人在老年時決定豁免，在法律上又欠缺依據。「贈與時」可能是四十年前，但是法院卻必須就四十年前的往事來判斷有無豁免之意思，是不是太強人所難？況且，民法上同意豁免歸扣的規定，也與原本設計這項條文的原意又有違背，難道繼承人一定要在贈與當下豁免歸扣，才不算分家，才不是提前繼承的意思，而豁免歸扣，難道就不是違背了提前分家就要納入計算，以免有失公平的「美意」嗎？

無論如何，這是現行法律的規定。如果要考慮繼承的例外規則，扣還與歸扣在民法上都是極容易忽略的細節，不可不慎。

5 繼承的例外原則：剝奪繼承權

孩子的詛咒

她聲淚俱下，講到兒子要她快死的事情，

還提到兒子經常對她動粗，只是沒有受傷而已……

她有一個兒子，但是跟沒有一樣，甚至沒有可能更好。這個兒子，已經五十餘歲，現在還是沒有固定工作。在十餘年前，他曾經有婚姻，也跟太太生下了一男一女，但是孩子陸續生下來，他卻不拿錢回家照顧家人，每天就是在外賭博喝酒。後來太太對他提出離婚訴訟，連孩子都不要，就離開了這個家。兩個孩子，他當然不會照顧，也不會給扶養費，就交給她獨力扶養長大，現在已經分別是高中與國中的年紀。

想起這個兒子，她就頭痛。幫忙照顧兩個孫子，倒也沒什麼，反正就是把先前的積蓄拿出來用，還有先生的退休金半俸，讓她可以勉強維持生活。況且，住的房子也是自己的，雖然破舊，但是貸款至少已經付清，不會被房東驅趕。可是，這個為人子又為人父的傢伙，不照顧媽媽與孩子也就算了，只要手頭拮据，就會回家向她伸手要錢，她如果不給，就對她惡言相向，什麼「老番顛」以及一些難以聽聞的「三字經」全都脫口而出。媽媽哪裡來這麼多錢給他？畢竟養孫子就已經很花錢。一次、兩次要不到錢以後，他決定改變方式。他畢竟不敢打媽媽，但總是要來些武力威脅，喝醉酒以後，就在所有家人面前，擲椅翻桌，無所不用其極，把家裡鬧得天翻地覆後，才會悻悻然離開。

這次情況不一樣了。兒子已經很久沒回家，但竟然在過年前回到家裡，而且向她開口，因為要投資朋友生意，必須要兩百萬元，「請」她務必要幫忙。她當然一口回絕，因為家裡怎麼樣也沒有這麼多錢。可是，兒子卻把腦筋動到他們居住的房子。他跟她說，現在不動產景氣很好，如果趁這次機會把房子賣掉，應該會有一大筆錢，把兩百萬元給他，剩下的錢就去租房子，不就什麼都能解決了？她聽到這段話，對兒子破口大罵，這是老伴留下來的東西，他怎麼能這麼要求？兒子聽到這些話，大聲斥責她，你早點去死，我就可以繼承了。講完這些詛咒以後，兒子就生氣得拂袖而去。

可是，從此以後，她的身體還真的越來越差。親戚來探望她，她就把兒子當眾詛咒她的事情跟親戚抱怨。當時，里長也剛好過來宣導武漢肺炎的防治問題，她就把里長拉進家裡，請里長評評理。她聲淚俱下，講到兒子要她快死的事情，還提到兒子經常對她動粗，只是沒有受傷而已；里長建議她，可以立下遺囑，不讓兒子繼承這間房子，她當場同意，還特別提高分貝跟在場的人說，兒子沒天良，不但不孝順她，還一再對她謾罵且要她快死，好讓他可以處理遺產。因此，她已經做出決定，一旦身故，絕對不讓兒子繼承財產，所有財產要由孫兒與孫女繼承，請大家做見證。她邊哭邊說，越來越激動，就看到她狀極痛苦，雙手緊按胸口，整個人就蹲了下去。旁邊的人想去攙扶，她已經倒在地上，救護車送進醫院前，她就已經心肌梗塞過世。

在她過世以後，她那個獨生子，並沒有趕回家來奔喪，也不知目前人在何方，要通知也無從通知，家裡僅剩兩個小孩，都還未成年，她的弟弟只好出面主持喪禮。但是對於她的遺產該如何處理，大家都沒有主見，因為她雖然有在里長、其他親戚面前講過，不給這個兒子繼承，但是並沒有寫下遺囑，不知道這樣有沒有用？如果她的兒子回來爭奪遺產，到底應該怎麼辦？說不定就真的把這間房子賣掉，讓兩個孫子無處可住，這件事就這樣延宕下來。兩個孫子還是住在家裡，由她弟弟幫忙照顧。可是前幾天，她兒子終於出現，知道媽媽過世，一點傷心的意味也沒有，反而直接去找所有權狀，準備要把房子賣掉，不管兩個兒女如何請求，他就是堅持要這麼做，因為，他認為他是家裡唯一的繼承人。

到底應該怎麼辦？看起來，繼承人確實是他，她在生前並沒有立下遺囑真的剝奪兒子的繼承權，只有嘴巴說說而已。到底要如何為這兩個孫子留下棲身之地。她弟弟，決定為了兩個孫子，要上法院跟這個人講清楚、說明白。

呂律師聊天室

該如何剝奪繼承權？

民法中確實有所謂「剝奪繼承權」規定，這項條文，明列在五種情況下，可以剝奪繼承人的繼承權，包括「故意致被繼承人或應繼承人於死，或雖未致死因而受刑之宣告者」、「以詐欺或脅迫使被繼承人為關於繼承之遺囑，或使其撤回或變更之者」、「以詐欺或脅迫妨害被繼承人為關於繼承之遺囑，或妨害其撤回或變更之者」、「偽造、變造、隱匿或湮滅被繼承人關於繼承之遺囑者」，以及「對於被繼承人有重大之虐待或侮辱情事，經被繼承人表示其不得繼承者」。

以白話文的方式解釋，第一款到第四款比較少見。第一款是故意殺害被繼承人與其他繼承人，導致他們死亡，或是僥倖沒死，但是被判刑確定。第二款到第四款，都與遺囑有關，大致上就是逼迫、詐騙被繼承人寫遺囑，妨害被繼承人寫遺囑，或者偽造、隱藏被繼承人的遺囑等等。這四款情況一旦發生，就立刻發生剝奪繼承權的問題，不需要被繼承人表示意見。可是，第二款到第四款，被繼承人可以原諒行為人，就立刻又回復繼承權。這種原諒，可以明白表示，也可以行為表示，民法並沒有明白地指出原諒方式。只是說，除了殺人是不可原諒外，其他行為，都可以尊重被繼承人原諒行為人的意見。

第五款比較特殊，因為在日常生活中，非常容易見到，也就是對被繼承人有重大虐待、侮辱，而且經過被繼承人表示不得繼承，這時候繼承人就會喪失繼承權。所謂重大虐待或侮辱，在法條上並沒有定義，但是大多尊重被繼承人的意見。只要被繼承人覺得是重大，那就是重大。舉例來說，繼承人會對被繼承人辱罵三字經，這樣究竟算不算重大侮辱？其實只要被繼承人認為是，那就是。畢竟是不是重大，是一種主觀感受，一旦被繼承人認為是，只要事實不要太偏離一般經驗法則認定，法院就可以根據被繼承人的主觀感受，進行法律上的判斷。而值得瞭解的實務見解，就是在最高法院七十四年台上字第一八七〇號判例的看法：「被繼承人（父母）終年臥病在床，繼承人無不能探視之正當理由，而至被繼承人死亡為止，始終不予探視者，衡諸我國重視孝道固有倫理，足致被繼承人感受精神上莫大痛苦之情節，亦應認有重大虐待之行為。」這種看法非常有意思，因為大幅度地擴充所謂「重大虐待」意義，簡單來說，沒有正當理由不探望父母，導致父母不開心，這時候俗稱「不孝」，但是在法律上竟然可以稱為「重大虐待」。法務部曾經在二〇一八年提出草案修正，希望增列「未盡扶養義務」作為剝奪繼承權的事由之一，但是後來立法院並未通過，目前還是只有重大虐待或侮辱的規範。

那麼，「經被繼承人表示」，到底要怎麼表示？其實不一定要以書面遺囑作為依據，不論是日記、便條紙、遺囑、口頭等等方式，只要有表明繼承人不孝，有重大虐待、侮辱的情況，因此不讓這個繼承人繼承，就已經符合法律規定。而且，縱然遺囑無效，這種表示也會有效。當然，未來如果進行「確認繼承權不存在」的訴訟時，雙方一定會提出相關證據，舉證被繼承人究竟有沒有表示過，不希望繼承人繼承，然而這是舉證問題，不是法律規定的問題。就法律條文來說，確實只有提到「經被繼承人表示」而已。有些行為，例如妻子有婚外性行為，先生到法院提告離婚，這時候也可以判斷先生認為妻子的行為對先生有重大侮辱，到法院提告離婚，就代表兩人要切斷法定配偶關係，不願意讓妻子繼承，如果是這時候法院也會從寬認定，採信先生已經表明剝奪妻子的繼承權。

當然，有時候這樣的規定並沒有用處。因為剝奪繼承權以後，這名繼承人的應繼分，可以由他的子女代位繼承。如果繼承人的子女仍然未成年，繼承人又是他們的法定代理人，其實可能會導致繼承人仍然可以代理未成年子女，實際操作這些財產的管理與處分，這應該是法條進一步要考慮的問題。不過，剝奪繼承權這項規定，對於不想要讓特定繼承人繼承的想法來說，確實有法律效益，只要符合資格，其實被繼承人或許可以在生前就好好考慮這些議題，以免在死亡以後，徒生爭議。

哥哥變被告

兩天以後，二姊去問他，才知道他對於爸爸在臨終前，沒有把房子過給他這件事感到生氣。據說這間房子，他之前曾經出過裝潢費，爸爸也承諾過要給他……

爸爸過世了，所有孩子都從各地趕回來奔喪。雖然爸爸生病很久了，但是病情在幾天內就惡化，還是讓大家很錯愕。平常照顧爸爸的大哥，一臉凝重，跟大家交代爸爸為什麼在這幾天突然就走了，一邊說一邊哭，二姊看到這種情況，很不忍心，趕緊拿了面紙，過來安慰他。三姊也對著大哥說，這件事不是他的錯，這幾年來如果不是大哥跟大嫂的盡心照顧，爸爸晚年的生活品質早就不好了。只有小弟，一臉陰沉，就坐在角落一言不發。等到大哥說明以後，小弟冷言冷語地說：「自己良心過得去就好。」大哥聽到他這麼說，衝到他面前，揪起他的衣領要他說清楚。小弟沒有反抗，只是笑著說：「惱羞成怒嗎？」兩個姊姊過來勸架，才暫時排解了這場糾紛。

事實上，在媽媽過世以後，爸爸確實都是由大哥照顧。爸爸房子的租金、存款簿，都是由大哥保管使用，但是每一分錢都有收據，並且由大嫂記錄。在家族群組裡，大嫂會把記錄發出去給大家，有問題都可以發問，因此大家也相安無事。這個弟弟，從來沒在群組中發言，因此沒人知道，他為什麼這麼生氣。兩天以後，二姊去問他，才知道他對於爸爸在臨終前，沒有把房子過給他這件事感到生氣。據說這間房子，他之前曾經出過裝潢費，爸爸也承諾過要給他，可是沒寫遺囑，什麼都沒有。二姊勸他寬心，不要太計較，他沒多說什麼。

為了操辦喪事，大哥把爸爸剩下來的錢領出來，一部分作為喪事的開銷，還有幾十萬元，他問了大家的意見，希望怎麼處理。其他姊妹都沒有意見，但是小弟又有別的想法，他認為女生要拿可以，但不可以再分房子。這樣的說法立刻引起姊妹們抗議，憑什麼女生不能分配不動產？聽到姊妹們的抗議，小弟沒再說什麼，只是默默地離開靈堂。接著，大哥繼續剛剛的話題，跟其他姊妹商量，爸爸的喪事有哪些需要用錢、大概找哪家葬儀社、土葬的方式大概有哪些要注意的事情，所有人就在客廳裡聊得很晚，最後大哥幫大家安排了房間，各自回去休息。

在接下來的喪事處理過程，小弟再也沒出現在現場。大哥打了幾次電話給他，他都沒接。直到出殯以後，他才勉強接了電話，冷冷地跟大哥說，你們人多勢眾，都由你們決定就好了。反正我的意見也沒人會聽，還留在那裡幹麼？大哥剛開口想要解釋，又被他掛斷電話。這下大哥氣也上來了，決定不再跟這個弟弟聯繫。至於遺產的事情，他問過律師，必須繼承人全體簽名，遺產分割協議才會有效，既然小弟不願意再跟家人溝通，那就直接在法院處理，由法官來判決就好，於是他也委任了律師，處理遺產分割的訴訟事宜。

這幾天，大哥收到了法院傳票，但竟然不是遺產分割訴訟的調解通知，而是地方檢察署通知他要開庭的文件，案由是「偽造文書、侵占」。他一頭霧水，不知道發生什麼事情。他打去檢察官那裡詢問，是由書記官接聽的。因為偵查不公開的規定，書記官拒絕透露案件的細節，只告訴他是弟弟告他的，其他細節請他自己來地檢署說明。他還是不確定到底發生什麼事，於是找了律師討論，經過律師詳細詢問大哥，處理遺產的細節以後，律師很嚴肅地告訴他，可能他確實犯法了。因為爸爸過世以後，任何人就都不能去領取爸爸在銀行或郵局裡的錢。

「可是，爸爸生前的財產都是我在管理，而且所有人都同意。」大哥不服氣地說。「這個小弟也在群組裡，從來沒有意見。」

「對。但是，爸爸死後，財產就是所有人的。這時候，除非全體繼承人同意，否則就是不能動用。爸爸已經過世，你以爸爸的名義去提款，就是偽造文書。」律師無奈地說。

本來他還想說些什麼話，但最後只是嘆了一口氣。現在他莫名其妙成了被告，錢也不是花在自己身上，即使所有姊妹聽到這件事，都義憤填膺，但是看來他真的得要面對牢獄之災了，到底該怎麼辦？

呂律師聊天室

父母親過世後，可能面臨的侵占或偽造文書刑責

通常與父母同住的孩子，都有機會因為父母的信任，而代管父母的動產，包括父母的現金、存款、基金、股票等。原則上，如果父母已經有精神耗弱的情況，最好到法院聲請監護宣告，否則往後如果有其他子女有意見，可能就會到地檢署提告，主張這個照顧父母的手足，利用職務之便，侵占父母的財產。父母倘若還有自主意識，那就會建議父母自己在公開場合把話說清楚，也就是自己的財務交給誰管理、誰負責，請其他人不要有意見。當然，縱然沒有交代，實際管理父母動產的人被告，也不見得就會成立罪名，畢竟地檢署在判斷親屬之間的財產糾紛有沒有犯罪時，起訴門檻比較高，但也不是全然毫無風險。

那麼，父母過世以後，到底還能不能領取父母的存款、移轉父母的不動產？

當然不行。第一個基本觀念，就是父母一旦過世，其所有的財產就立刻成為遺產，由所有繼承人公同共有，在全體繼承人同意之前，是不能有任何處分的。即便父母生前的金錢都是交由特定人保管使用，這種財產上的委任關係，在委任人死亡後就已經結束，受任人不該繼續以委任人名義處理財產，一旦處理，就是偽造文書。遑論在生前如果沒有接受委任，死後更不應該以繼承人的名義領走任何款項，或是針對不動產有任何的處分，否則都至少會有偽造文書的問題。

第二個基本觀念，就在於即便以正當理由處分遺產，同樣會有偽造文書的問題。而如果不是正當理由，那麼更會有侵占的問題。有些子女是因為要支付喪葬費、避免被課徵遺產稅，甚至按照「媽媽的遺願」先行分配等等理由，才會去領取現金，或是處分不動產。可是，不論是什麼原因，都不能改變偽造文書這項事實，因為沒有全體人同意，只要有一個人不同意，就可以向地方檢察署提告。那麼，把錢放進自己口袋裡，當然就是另一個犯罪行為，稱之為侵占，所取走的錢，未來都還是得要納入遺產分配，算是白忙一場。而向銀行取款，或者是向地政機關謊報所有權狀遺失，並且辦理過戶，都有另外涉及的詐欺、使公務員登載不實的罪名，在法院判決確定以後，統統都是一場空。

上述兩種情況，偽造文書、侵占、詐欺等等，是最常見的遺產刑事案件。要避免這些狀況，就是在被繼承人過世開始，不要變動被繼承人的所有財產，並且誠實向所有人報告。這些財產，在國稅局都有電子稅務所得開門清單資料，只要報稅、納稅，就會有相關資料可供查詢，而國稅局甚至會將兩年內變動的資產，如果涉及贈與，列為遺產稅的課徵目標，這些稅務資料，未來就會成為遺產分配時的依據。而繼承人也可以在取得繼承身分後，向各金融機構查詢當天過世時間的取款情況，土地房屋過戶當然更明確，絲毫無法作假，因此，想要藉由這些方式逃漏稅，或是避免其他兄弟姊妹分遺產，還想避免被告，應該是不可能的任務。

不過，如果真的「不慎」在被繼承人過世以後，把被繼承人的錢取走，除非理由非常不正當、金額重大、又拒絕償還全體繼承人，那麼才有可能被法院判刑，而且不得易科罰金，否則一般法院在處理這類型的案件時，能證明全體繼承人都在現場，只是處理過程有小疏失，還是有可能判決無罪；就算判決有罪，也多是可以易科罰金，甚至是拘役，不算前科紀錄。因此，如果是用意良善，只是誤蹈法網，也不用太擔心未來的法律問題，只要誠實面對，大致上司法都不會刁難這類型的案件。法律雖然不會完全顧慮人情，但是就遺產繼承發生的刑事案件，一般而言，都是寧寬勿嚴、寧縱勿枉，法院也可以理解，這些訴訟大多都是因為遺產分配不均才有的爭執，並非惡性重大，所以無須太過掛心。

白髮人送黑髮人

兒子生前留下了銀行存款、股票，以及兒子結婚以後，
她給的房子。但是，媳婦竟然完全不讓她插手。
她問了律師，因為他們兩個人有小孩，
所以遺產就由孩子、媳婦繼承，她這個當媽的，什麼都沒有。

兒子剛結婚一年，雖然她跟媳婦關係不是很好，但是終究他們生了一個孩子，看在孫子的面子上，她勉強還是可以跟媳婦維持相敬如賓的情形。反正他們一個月也就回來一次，帶孫子回來給她看，也就算了。可是，她從沒想過，兒子竟然在前幾天過世了。雖然他平常的身體就肥胖，而且有高血壓、心臟病，但是如果沒有遇到這次的肺炎，應該也不至於就這麼離開。值得慶幸的是，孫子並沒有被兒子感染病毒，算是不幸中的大幸，至於媳婦，據說也沒事。

兒子過世以後，立刻火化處理，但他們從辦理喪事開始，就不太愉快。兒子結婚以後，據說改信基督教，媳婦就堅持要以基督教的儀式辦理，可是他們家明明就是道教，怎麼可以這麼草率就處理？在兩方堅持不下的時候，她只好退讓，用擲筊的方式問兒子，兒子竟然贊成媳婦的看法，她只好悻悻然地答應以基督教喪禮的方式舉辦喪事。這件事情讓她對於媳婦就更不諒解。兒子的喪事習俗都不尊重婆家，這個媳婦還有什麼地方值得尊重？

下一個問題就讓她更不知道該如何處理。兒子生前留下了銀行存款、股票，以及兒子結婚以後，她給的房子。但是，媳婦竟然完全不讓她插手。她問了律師，因為他們兩個人有小孩，所以遺產就由孩子、媳婦繼承，她這個當媽的，什麼都沒有。可是，這對她來說，太不公平了，孩子是她養大的，好不容易開始工作，怎麼沒多久就過世得這麼突然？如果不是媳婦剋夫，這個孩子也不會這麼早就走。所以，不顧律師反對，她決定要提出撤銷贈與的訴訟，既然律師不接案，她就自己來處理。

「原告，你只告你媳婦，應該是有問題的。因為繼承人是你媳婦跟你孫子，請問你要追加被告嗎？」法官問。

「我只要告那個女人，她不配當我媳婦。她霸占了我兒子的所有財產。」她講得很氣憤。

「先不論你要不要加告你孫子，撤銷贈與要有原因，請問你的『法律上』原因是什麼？」法官特別加重「法律上」這三個字，希望她可以聽懂。

「因為這個房子是我送給我兒子的，不是送給他老婆的。現在都是她繼承，這法律完全不對。」她似乎沒有回答法官的問題。

「我是說，『法律上』的原因。」法官再度加重語氣。

「因為我兒子已經過世了，這個媳婦不會養我。」她這麼說。

「依照法律規定，她的先生過世，不是離婚，所以她確實還是你媳婦。可是，她如果沒跟你同住，本來就沒有義務養你。」法官耐心地說明。

「那就應該把房子還給我，這是我跟我先生的老本買的。」她哀怨地說。

「現在我兒子沒了、房子也沒了，什麼財產都分不到，這樣對嗎？」

「根據民法規定，他們確實是你兒子的繼承人，所以他們繼承並沒有不對。而且，我沒有權利要求他們做法律上沒有義務的事情。你有考慮要跟她談談嗎？」法官望了一下坐在被告席，毫無表情的被告。

「我跟她沒什麼好談的。我兒子都死了，有什麼好說的。」她開始啜泣。

「這件案子，在法律上很好處理。我可以簡單地就把你的訴求駁回，現在就可以公開我的心證。可是，你有沒有想過，你還有孫子。你媳婦已經沒有先生可以幫忙照顧這個孩子，如果你兒子有留下遺產，讓你媳婦好好照顧孫子不好嗎？」法官還是希望她們可以調解。

媳婦坐在被告席上，聽到法官這麼說，臉部表情開始有些激動，但仍然沒說什麼。

「法律根本不公平，為什麼我養這麼大的孩子，到頭來什麼都沒有？」她很生氣。「兒子的遺產，我竟然一點意見也不能表達？這太過分了。」

「你知道法律為什麼這樣規定嗎？」法官心平氣和地說。「因為養小孩不是靠陽光、空氣跟水就好。養孩子需要很大的費用，你們在法律上沒有義務養這個孩子，義務都在媽媽身上。你讓媽媽好過一點，孫子就會好過很多，這樣可以嗎？」

聽到法官說這些話，被告趴在桌上大哭。她看著這個女人，心裡突然放軟，嘴裡嚷嚷地說：「不告了不告了，孫子好就好。」

呂律師聊天室

關於兒子的遺產問題

在傳統觀念裡，一個男人成家，也就是結婚，媽媽等於就是把「照顧這個男孩的責任」交給了另一個女人，也就是媳婦。從此以後，這個男孩的未來，好的不一定會歸功給媳婦，但壞的應該就是媳婦的原因。所以，男孩事業成功，因為媽媽教得好；男孩健康出問題，就是因為媳婦剋夫，在某些傳統家庭裡的觀念還是存在的。在這種情況之下，許多女人因此背上不白之冤。當先生發生意外或是疾病，因此而過世，婆家這裡很容易將情緒移轉給媳婦，在理性上即使明知道與媳婦無關，還是會歸咎都是因為媳婦照顧得不好、媳婦有問題、媳婦剋夫等等。這一點在先生外遇的時候最明顯，尤其是媳婦不原諒兒子外遇時，婆家的第一反應往往就是：你沒有給他家庭的溫暖，他才會往外跑。

外遇都已經是如此了，如果先生過世，媳婦要背負的責任就更大。科學一點的說法，就是為什麼沒有照顧好先生的身體健康，任由他不運動、吃些不夠營養的東西、不帶他去看病等等，自己的兒子就像是植物人或是廢物，非得要別人關心照顧不可。迷信一點的說法，就是兒子與媳婦原本就八字不合、命格相剋，所以才會導致兒子英年早逝，一切都是媳婦的命太硬等等。移轉到現實生活中的議題，就會是在兒子過世以後，兩家老死不相往來。如果兒子與媳婦沒有孩子，這當然不是問題，因為血緣之間的聯繫已經切斷，那麼當然現實生活中不聯絡也無所謂。可是如果兩人之間有孩子，那麼就會陷入痛苦的抉擇中，因為根據法律規定，當兒子過世，孫子的監護權，必然會在媳婦手上；又想要跟孫子保持親密關係，又不想跟媳婦有聯繫，心態上如果無法調整，這個問題就應該很難兩全其美。

談到兒子的遺產，就更是如此。依法來說，配偶會先取得剩餘財產分配的權利，再來才有遺產計算的問題。剩餘財產，已經讓老人家不舒服了，如果這對夫妻有孩子，除非死者留有遺囑，否則老人家是拿不到任何財產的，因為繼承人就是配偶與直系血親卑親屬（孩子）。如果沒有孩子，雖然父母會取得繼承權，但是與配偶之間的衝突強度也不會因此而降低，反而在對簿公堂以後，真的老死不相往來。那麼，應該怎麼處理比較理想呢？

在討論繼承人要如何調整心態前，被繼承人的心態更重要。如果已婚的夫或妻，在家裡已經很不愉快，甚至有尋死的念頭，真的建議要三思。因為遺產與未成年子女是最大的問題。一旦死亡，遺產就是由那個討厭的配偶與孩子取走，未成年子女依法原則上又是交由討厭的配偶監護，那麼就全部都是配偶主導。就算沒有小孩，或是立有遺囑，配偶一樣有特留分，除非在遺囑上載明剝奪配偶繼承權，否則配偶就是有非常大的權利可以處理遺產。當然，死了就死了，既然要尋死，也不會在意未來，可是，總得幫活著的人想想，會有多少困擾。討厭配偶，離婚或分居都是選擇，活著才會有希望，這是不變的真理。

如果死者是因為意外或疾病死亡，婆家或娘家人的心態非常重要，因為態度會影響兩家未來的相處。如果沒有孩子，當然要怎麼做都好，依法處理是最簡單的方法。然而，如果有孩子，請考慮孩子未來跟婆家或娘家的互動，除非要拋棄跟孩子的聯繫，否則不可能老死不相往來。婆家或娘家在思考遺產議題時，不妨想想，未來這個「未亡人」必須獨力扶養孩子長大，而且孩子從此以後沒有爸爸或媽媽，就算「未亡人」繼承了配偶的所有遺產，也要獨力花上許多的物質與精神上的力氣，讓這個孩子長大成人。因此，遺產或許是一口氣之爭，但是想想這一口氣，又不是媳婦或女婿造成自己的家人死亡，何必要讓這口氣吞不下去？

財產，是為了活著的人存在，可不是為了那一口氣而服務。

爸爸的遺囑

爸爸是久病以後走的，在過世前的病床上，並沒有特別交代什麼，只是微笑著對她說，他走了以後，記得去書房找文件。

爸爸已經過世，她難過到好幾天沒辦法吃飯，特別是在她知道那件事以後，更是如此。

在他的印象裡，爸爸就是一個不苟言笑的巨人，媽媽則是傳統的家庭主婦，爸爸說什麼，媽媽都會照做。小時候，爸爸不曾打過她，但也不曾抱過她。只有在她結婚的時候，爸爸的眼眶才曾經紅過，在送客的時候，還抱著她大哭。第二次則是媽媽過世，那一陣子，爸爸的靈魂似乎出竅，吃飯、走路、運動都魂不守舍，出殯的那天，爸爸泣不成聲，這是她第二次看到爸爸動感情。除此以外，他幾乎不曾表達過他的情緒，總是在忙著做生意。所以，在爸爸退休以後，媽媽又過世，即便她已經結婚多年，沒跟爸爸住在一起，但只要有空就會回家陪他。

媽媽死後，爸爸就一個人獨居。哥哥就住在爸爸家附近，但是回家的頻率還比她少。她就是對這一點很不服氣，因為爸爸在她面前，經常提起這兒子。雖然兒子現在繼承爸爸的事業，常常說自己很忙，但是爸爸最常說的話就是：「他忙，騙我沒做過，他還是我教的，哪裡有這麼忙？」

只是爸爸雖抱怨這個兒子，還是把所有的股票都登記在哥哥名下，不動產也是。她瞭解爸爸重男輕女的心態，所以並沒有認為這樣有什麼不對。爸爸是久病以後走的，在過世前的病床上，並沒有特別交代什麼，只是微笑著對她說，他走了以後，記得去書房找文件。

爸爸走了。他們兄妹一直沒有時間去書房找什麼文件，哥哥只是跟她說，爸爸的遺產沒剩多少，不過大概可以分給她三百萬元。她點點頭，沒說什麼，畢竟多少都是爸爸的心意，生前爸爸都把財產登記在哥哥名下了，有什麼好計較的？不過，就在爸爸出殯的當天，她忘了爸爸生前最愛的枴杖，想要帶去靈堂，於是到書房去找。就在爸爸的桌上，放著一個信封，上面就寫著「遺囑」。她看到這兩個字，心臟幾乎快要跳出來，因為這個信封看起來很厚，不知道內容是什麼。她趕緊找了哥哥過來一起看。哥哥聽到有遺囑，也非常緊張，立刻到書房來，兩個人一起拆封，她以為只是爸爸交代他的後事要怎麼辦而已，沒想到內容讓他們都大吃一驚。

遺囑是爸爸親手以毛筆寫的，內容分成兩個部分，第一部分，是詳述他從小從故鄉到高雄發展的故事，包括他如何與媽媽認識、戀愛、結婚，還有生下兩個孩子的時候，他心裡的感受。接著就是交代他的後事要如何處理。哥哥很快地翻過這部分，但是她看得很詳細，而且直流眼淚，她不知道爸爸竟然如此深愛他們。最後，爸爸在自述的最後一部分寫下了這一段話：「錢財乃身外之物，本家子孫往後仍應認真工作，造福社會，不要因為錢而兄妹不和，則家族才能繼續興旺。」

第二部分的內容，讓她完全說不出話來。因為爸爸詳細地把他「借名登記」在哥哥名下的所有財產詳列，並且強調要把這些股票、不動產，分給女兒一半，現值竟然超過五千萬元以上。在爸爸的筆跡中，一字一句地寫下哪一筆股票要給她、哪一筆不動產是她的，她一邊看著這些字，一邊眼淚直流；而哥哥則是臉色鐵青，因為從遺囑內容來看，他的財產正在逐漸地流失。終於看到最後一頁，上面只見到父親龍飛鳳舞的簽名，是父親的簽名沒錯。但是，最後一頁並沒有寫上日期，可能是當時忘記了。

哥哥把遺囑小心翼翼地收起來，問她想要怎麼處理。她沒有多說什麼，只是淡淡地說，等喪事結束後再說。不過，哥哥當下就把這份遺囑影印下來，傳送給他的律師看。當天晚上，哥哥就把她叫到書房來，嚴肅地對妹妹說：「這份遺囑，律師說因為沒有寫上日期，所以是無效的。不過，爸爸的意思既然是這樣，我可以多給你兩百萬元，你覺得如何？」她低著頭，什麼也沒說，眼淚還是不聽使喚地掉下來，對她來說，兩百萬元與兩千萬元，物質意義當然不一樣，但是她終於知道，爸爸是公平對待他們的。幾分鐘以後，她抬起頭對著哥哥說：

「既然是無效的，就不要給我了吧！」

呂律師聊天室

自書遺囑該注意的事

關於身後事，已經有越來越多人習慣以遺囑來交代繼承人。遺囑，屬於法律上的要式行為，也就是說，要以符合法律規定的方式撰寫才會生效，如果自行創設遺囑形式，未來在法院裡是不會被承認的。依民法規定，基本款有五種：包括自書遺囑、公證遺囑、密封遺囑、代筆遺囑與口授遺囑。口授遺囑是在緊急狀況下才使用的方式，但是這種方式非常不近人情，並且只是見證人較少而已，還有效期的問題，實用性非常低，真正緊急的時候，很難有機會使用這種方式來做遺囑，因此先略而不談。而自書遺囑，則是最常見、實用性最高的方式。法院特別放寬給十六歲以上的未成年人也可以寫，就是因為要盡量推廣遺囑的使用，只要有意思表示能力，就盡量尊重被繼承人的意願。

自書遺囑，是指「自書遺囑全文，記明年、月、日，並親自簽名；如有增減、塗改，應註明增減、塗改之處所及字數，另行簽名。」所謂的自書遺囑全文，意思就是要自己寫下遺囑，不能以打字的方式處理。使用的筆，雖然沒有在法條上明文規定，不能使用鉛筆，但實務上對於易於塗改的各種筆，傾向於否定效力。當然，使用不論是電腦、打字機等方式，更是無效。親筆寫完遺囑內容後，記得要把日期寫上去，並且在最後簽名。就日期部分，只要能辨別是何時撰寫就好，但是不要只寫上月、日，年一定要寫，因為在遺囑的判定上，後遺囑效力優先於前遺囑，日期不寫，或是不能確定日期，就會有法律上的疑義，導致整份遺囑無效。另外，簽名不一定要全名，只要可以確定是誰，或者是這個人的日常簽名就可以。一旦有塗改，就必須要在遺囑塗改的地方註明增加幾個字、減少幾個字，在增加或減少的地方再簽一次名，才能生效。

自書遺囑非常容易使用，但也容易在法庭上引起糾紛。當發現自書遺囑時，如果遺囑內容對自己不利，往往會否定這是被繼承人所寫，或是被逼迫、欺騙才寫。這也是為何「自書」遺囑強調不能打字的原因，因為一個人要寫遺囑，只簽名容易被認為是假的，但是全文都是自己寫，有太多筆跡可以鑑定，真假很容易判定。在法院爭執時，如果認為自書遺囑是假，就會去做筆跡鑑定，鑑定如果為真，要主張被詐欺、脅迫，在實務上都相當困難，主要原因就是舉證，畢竟要舉證被繼承人撰寫時，有事實可以認定遺囑有非法的情況，其實相當不容易。

遺囑內容其實包羅萬象，可以寫下自己一生的心路歷程、可以告白、可以報仇、可以寫些過去的豐功偉業等等，只是大部分繼承人可能都不會在意這些東西，他們真正在意的事情，還是財產究竟如何分配。曾經看過類似的遺囑，寫了將近一百頁，但是有九十九頁都在講個人的過去，只有幾行字是講財產分配，這也無妨。而且，也會建議把自己未來想要怎麼處理遺體，一併交辦清楚，因為殯葬管理條例有特別規定，如果有遺囑，「原則上」的遺體處理決定要尊重遺囑的意思。因此，想寫的、該寫的，只要不違反善良風俗，都可以寫在遺囑內。

但是，所有的遺囑都要注意下面兩個問題：就是特留分與遺囑執行人。特留分的意思，就是不能把所有遺產給一個特定人，而要留下部分遺產，給原本也有繼承權的人，每種身分的特留分有所不同，往後再說明。如果不保留特留分，往後在法院會有扣減的問題。另外就是遺囑執行人，一旦寫好遺囑，可能得要囑託可以信任的人幫忙保管，並且在被繼承人死亡的時候公開。否則就是要在生前就跟所有人說明，遺囑將會如何分配財產，或是遺囑現在正在誰手上，否則未來一旦過世，遺囑被忽略或是隱藏，那就很可惜了。

遺囑是一種確保自己意志在身後還能執行的工具，如果可以善加利用，應該可以減少許多身後的糾紛。只是，重視遺囑以外，可能在日常生活的行為中，不要讓繼承人的期望與遺囑落差太大，否則有些繼承人會受不了打擊，因此在遺囑上糾纏不清，這也是需要注意的事。

老人的玩笑

兩個月後，老先生過世了。

第三者家族，立刻依據公證遺囑，

向法院提出交付遺贈與遺產分割的訴訟。

在醫院的單人病房裡，一群家人聚在一起，圍著一個老人。這個老人家已經年近九十歲，但是精神仍然很好。他與這群家人談笑風生，聊起以前的往事。不過，雖然爸爸已經高齡近九十歲，但大家稱為「媽媽」的這個女人，看起來還很年輕，似乎只有五十歲上下，外表保養得宜。另外還有兩個成年的孩子，對爸爸噓寒問暖，極其孝順。不過，有另外兩個人，並不是家人，而是公證人以及爸爸的兩個朋友。他們今天有任務在身，媽媽希望他們幫忙做公證遺囑。

寒暄過後，公證人請朋友開始錄影，爸爸則是陳述他希望分配遺產的方式。「我看，給我老婆五千萬元、兩個孩子各兩千萬元好了，這樣的安排可以滿意嗎？」公證人沒多說什麼，就是按照爸爸的意思，寫下他對遺產規劃的想法。然而，其中一個小孩問他，「你老婆怎麼辦？」公證人聽到這句話，眉頭也沒皺一下，因為他知道，老先生剛剛講的「老婆」，其實就是第三者，而這兩個孩子，其實是跟第三者生下來的孩子。他今天來這裡，就是要替第三者的家庭做公證遺囑，讓他們取得想要的權益。遺囑做完以後，他迅速地幫老先生公證，證人也在遺囑上簽名，全程都有錄影，總算完成了程序。公證人與朋友離開後，一家人開開心心地在病房裡吃起便當。

隔了兩天以後，另外一批不同的家人來了。這位媽媽的年紀與老先生相仿，兒孫卻來了五個。這群家人，是老先生「明媒正娶」的大房，或者說，是有在戶政事務所登記的妻子與家人。老先生看到他們，固執地偏過頭去，對著大兒子說：「我已經把遺產都分配好了，你們不要來搶。」大家聽到這句話，正尷尬的時候，孫子靠到老先生身邊，對著他撒嬌。老先生被孩子逗得開心，原本不開心的臉鬆弛了下來，又對著他們說：「你們都要我寫遺囑，到底要我寫幾份？」大兒子對他說：「這次來，就是希望爸爸可以公平地把遺產做好分配，您只要再寫一份，我們就不會來煩你了。」老先生不耐煩地對他們說：「隨便你們，要寫就寫。」於是，他直接口述，由大兒子的朋友記錄下來，又是給太太五千萬元，每個孩子各兩千萬元。最後，有一個孩子當證人，另外一個證人則是手寫遺囑的大兒子朋友，草草結束了這場不甚愉快的立遺囑過程。

兩個月後，老先生過世了。第三者家族，立刻依據公證遺囑，向法院提出交付遺贈與遺產分割的訴訟。而原配家族也不甘示弱，提出了第二份的代筆遺囑。雙方在法院針鋒相對，第三者家族主張，自己的遺囑有經過公證，應該具備法定效力，所以法官應該將五千萬元的遺產交付給第三者作為遺贈，另外在不侵害特留分的情況下，由兩名外遇所生的子女各繼承兩千萬元。而原配家族則是主張，應該以後面的遺囑為準，因為後面的代筆遺囑效力高於前面的公證遺囑。

「你們可以考慮和解嗎？」法官嘆了一口氣。

「不可能。我是原配，他怎麼可能把財產給小三，這根本就是被狐狸精騙了，才會做這種事。而且律師有跟我說，後遺囑可以壓倒前遺囑，所以我們的才是有效的。」年長的配偶說。

「我也不要。他本來就想要給我錢，我才是陪伴他晚年的那個人。我們有全程錄影、錄音，還有公證人在現場，我們的遺囑才是真的。他們那份遺囑，還有兒子在上面簽名，那是假的、無效的。」第三者反擊。

法官無奈地說：「當然，後遺囑確實可以取代前遺囑的效力。可是，這份遺囑到底是口述遺囑，還是代筆遺囑，到時候也要傳喚證人才會知道。重點是，你們真的知道，老先生的遺產有多少嗎？」

兩方面面相覷，不知道法官問這個問題的用意是什麼。

「根據本院向金融機構函詢，老先生的貸款已經有上億元，扣除不動產、存款，老先生的財產淨值其實只有幾十萬元左右。遺囑寫的數字，根本就是不存在的數字。」法官把文件出示給兩邊的家屬看，大家看了這些文件，幾乎不可置信。

「這太誇張了。」原配嘟嘟囔囔地說。「一定是被小三花光的。」

「你們才是，把他的財產都偷走。太不要臉了。」第三者怒罵原配。

大兒子拿著爸爸的遺照，坐在旁聽席上，那張照片，似笑非笑的，看著他親手製造出來的玩笑。

呂律師聊天室

遺囑的種類與效力

所有的遺囑，只要符合法定要式，統統都合法。因此，公證遺囑不會比自書遺囑要來得有效。然而，會有後遺囑的效力高於前遺囑的效果，也會有實際行動優先於書面遺囑的情況。簡單來說，每個人都可以在不同的時間、以不同的方式，立下不同的遺囑，在遺囑都符合法定要件的情況下，後遺囑因為時間排序在後，因此只有最後一份遺囑會有效，其餘的遺囑，就算符合法定形式，因為時間在前，就會無效。而一個人的行動，才是代表真正的想法，所以如果有人在遺囑內，交代要把房子給予妻子，卻在實際行動上，把房子已經過戶給第三者，那麼還是以行動為準，妻子也不能要求第三者把房子依據遺囑過戶給她。因此，不要迷信公證遺囑比較有效，只要符合法定形式，都是有效的，只要注意時間順序就好。

在所有的遺囑法定形式裡，自書遺囑，就是要注意全文以筆書寫、記明年月日、自己要簽名；公證遺囑、密封遺囑、代筆遺囑、口述遺囑，要注意的問題，則是見證人的人數與利害關係。所謂的人數，就是除了口述遺囑的見證人可以容許兩人外，其餘的遺囑見證人，都需要至少三人（一名公證人、兩名見證人，或是三名見證人）。而且，見證人的資格，不能與遺囑的利益分配有關，或是被繼承人的配偶、子女。最有意思的就是口述遺囑，在生命危急的情況下，可以做口述遺囑，但是口述遺囑與一般遺囑的差別，竟然只有差一名見證人，其餘要件都一樣，而且在遺囑生效後三個月內，如果被繼承人沒有發生死亡結果，這份口述遺囑就失效。就實際的情況而言，根本很難適用。例如大地震發生，被壓倒在建築物底下，想要以手機錄音製作遺囑，但是要去哪裡找見證人？

因此，要選用何種遺囑模式，還是因人而異，只要合法有效、排列在後的遺囑，都是好遺囑。針對不同的情況，可以做不同的選擇。自書遺囑，最簡便有效，但是要記得合法，而且要交給適當的人執行。公證遺囑，程序繁瑣，但公證人往往可以未來在法庭上為委託人作證，證明被繼承人當時有自由意志、神智清醒，效力比較不容易被法院推翻，爭議性最低。密封遺囑，是在不想讓其他人知道遺囑內容時，把財產分配方式放在密封的信封裡，再指定兩人以上的見證人，向公證人提出，並由公證人、遺囑人、見證人在信封上簽名，等到過世以後才打開。代筆遺囑，適合不識字或是不方便寫字的人，又不方便移動到公證人事務所時，請別人代寫的方式。口述遺囑跟代筆遺囑的形式類似，但是見證人比較少，只適用在生命危急狀況，效期只有三個月，盡量不要使用。如果把這些遺囑的適用時機搞清楚，應該就不會有問題了。

值得注意的是，所有的遺囑效力，都可以互相流通。所謂互相流通的意思，就是自書遺囑如果是打字的，但有三名以上證人簽名，縱然自書遺囑無效，也會轉換成代筆遺囑或口述遺囑的形式。如果密封遺囑無效，例如並沒有三個人在信封封緘處簽名，如果符合代筆遺囑或自書遺囑的形式，同樣可以轉換成上述的遺囑而為有效。同樣的，如果死亡時間在做成遺囑的三個月內，代筆遺囑無效，例如欠缺合格的見證人人數，不到三人，但只要有兩人合格，一樣可以轉換成口述遺囑。因此，遺囑的轉換可能性存在，唯一要注意的應該就是時間順序的問題了。

遺囑，其實是被繼承人的心意，實務上見過被繼承人已經阮囊羞澀，但仍然大手筆地宣稱財產要如何分配，造成後代在訴訟上爭論不休。因此，對於遺產或遺囑的內容，還是建議要以感恩的心去看，在不違反特留分的情況下，無論給多少，都是被繼承人的想法，尊重就好，走上法院，甚至為了遺產鋌而走險觸犯法律，都不會是好事。

誰是接班人？

老四怎麼樣也不明白，為什麼爸爸明明要把所有的資產都給他，
卻沒有在遺囑上註明特留分，公司律師這麼多，
就沒有一個人可以告訴他，這樣的遺囑只會讓兄弟鬩牆嗎？

他找了公司裡的親信，進來總裁辦公室。他自知年事已高，最近心臟的狀況也不穩定，想要提早安排接班布局。他白手起家，創立了這麼大規模的集團公司，然而，婚姻生活卻不是很幸福。他與原配有三個小孩，但在中年時，又外遇生下了一個孩子，原配後來因病過世，他與第三者修成正果，這四個孩子也都進入集團工作。在四個孩子裡，他最喜歡老四，也覺得老四最像他。但是老四與其他的孩子關係疏遠，畢竟是後母生的，後母又是爸爸外遇的對象，當媽媽過世後，其他三個孩子當然不會對這個「私生子」有什麼好臉色看。

他對公司的親信們說，想要跟他們討論公司的接班問題。公司的高層對於誰來接班，其實並沒有意見，也不敢有意見，畢竟總裁在所有企業經營上，都是說一不二，不容他人插嘴的強勢領導者。總裁大概也知道這種情況，所以，與其是討論，實際上是下令。他要總經理拿出公司的信封，他把遺囑鄭重地放進這個信封裡，然後要他們在信封的封口簽名。公證人這時候也在現場，同時做成公證書，也在封緘處簽名，記明這是總裁的遺囑，加上年月日的記載。最後，總裁再慎重地簽名以後，總算完成手續。總裁微笑著對這些人說：「你們應該知道我的想法吧？」

其實，還真的沒人知道總裁是怎麼想的。半年後，總裁過世，當天晚上律師與公證人就召集所有高層與四個孩子，在他們面前打開遺囑。遺囑的內容是：「老四即日起擔任本集團總裁，本人所有財產都由老四繼承。」當律師大聲朗讀出總裁的遺囑，老四放聲大哭，但是老大等其他孩子臉色鐵青。或許可以猜想得到，老總裁對老四比較好，但沒人預料得到，竟然是將全部的財產都給老四。老大當下放話：「要當總裁，這位置可沒這麼容易做。」講完這句話以後，就轉身帶著其他兄弟姊妹離去，留下老四一個人抱頭痛哭。其他高層面面相覷，不知道該不該稱呼「四阿哥」為新任總裁。

第二天，公司董事們就收到臨時董事會的開庭通知，老大原本就是董事，另外六名董事，並沒有老四在內。因此，董事會很快通過決議，由老大擔任新任董事長。老大在就任董事長後，就立刻將老四的經理職位免職。公司高層對這件事情議論紛紛，因為遺囑上不是寫「由老四繼任總裁」，事情的轉變怎麼會如此的大？只聽到老大在董事會上放話：「現在不是清朝，公司治理是有法律作依據的，我是董事、我們家的股份是公司最大股，要投票、要選舉，我統統都奉陪，誰有資格當總裁，是股東說了算，不是我老爸說了算。」

當然，老四也不是省油的燈，立刻向法院提出分割遺產的訴訟，因為老總裁遺留下來的股份，如果加上他的股份，就可以超越大房家族的持分。可是，律師告訴他，會有特留分的問題。換句話說，老總裁所遺留下的房地產、現金、股票，雖然遺囑上寫著都給老四，但是其他兄弟姊妹也有特留分，在遺產分割的訴訟上，他們同樣可以主張要股票，不要房地產與現金。換句話說，老總裁在遺囑上所寫的「全部都給老四」根本就是不可能的任務。依民法規定，其他繼承人都有資格可以請求分割應繼分的一半財產。老四問了律師，這樣的訴訟需要多久時間，律師苦笑著對他說，以老爺子還有海外資產來看，訴訟可能動輒要好幾年以上，況且還有三審，判決確定或許都是十年後了。

老四怎麼樣也不明白，為什麼爸爸明明要把所有的資產都給他，卻沒有在遺囑上註明特留分，公司律師這麼多，就沒有一個人可以告訴他，這樣的遺囑只會讓兄弟鬩牆嗎？他知道這些狀況以後，就打了電話給大哥，希望他可以高抬貴手，一起分享公司的經營權。然而，老大淡淡地跟他說：「你知道我最在意的事情是什麼嗎？不是財產都給你，而是憑什麼，爸爸要你當公司總裁。」

他這才明白，他們爭的，根本不是錢，而是父親的愛。

呂律師聊天室

避免法律不周的密封遺囑問題

密封遺囑，是一種極為麻煩的遺囑，因為必須要有兩名見證人，以及一名公證人。遺囑人先自行處理遺囑，不論是打字或手寫都可以，但都必須親自簽名。之後將遺囑放進信封內，在信封口、信封封面再次簽名，並由見證人、公證人一起簽名後，公證人記載遺囑相關事項才會生效。這樣的遺囑設計，主要是希望外人不要看到遺囑內容，在遺囑人過世後的最後一刻才揭曉內容。這種情況就類似清朝雍正皇帝的「祕密建儲」制度，將繼位遺詔放在「正大光明匾」的後方，一旦等到皇帝駕崩後，再將遺詔打開，宣布新任皇帝人選。這樣的制度，對保密而言，當然很好，但是可能有的後遺症，就是法律考慮不周、親情可能撕裂。

法律考慮不周，通常只會出現在「為了保護祕密，所以沒諮詢律師」的情況下才會發生。一般人對於特留分這件事，特別容易忽略。所謂的特留分，就是應繼分的二分之一或三分之一。依照民法規定，繼承人之特留分，如果是配偶、直系血親卑親屬與父母，特留分是應繼分的一半。如果是兄弟姊妹、祖父母的特留分，則是應繼分的三分之一。如果被繼承人在遺囑裡，沒有特別指定特留分，而是將所有財產「全部」給予特定人，則其他繼承人依法就可以行使特留分的扣減權，依法取得應繼分的一半或是三分之一。特留分的設計好不好，這見仁見智，有些人認為，不應該以血緣來綁住被繼承人的財產自由處分權；但是也有人認為，保障血緣關係而生的財產繼承權有必要性。即便法務部的最新修正版本，目前也只有降低特留分的想法，並沒有免除特留分的意思。

沒有考慮到特留分，影響的不一定是錢的數字，而是遺產標的。因為許多人考量的是想要特定的遺產標的，特別是生財工具，而不是放在銀行裡的存款。例如公司股票與現金，涉及公司經營權之時，取得股票當然比現金要好。被繼承人可以在遺產裡敘明，要把哪些資產保留在特留分內，給特定人繼承，這樣就不會有爭議，因為遺產的給予方式、項目，在遺囑有效的情況下，當然是以遺囑為準。可是，一旦沒有敘明，例如不寫特留分，或是特留分雖然有保留，但並沒有寫下保留的特定項目，這時候就只會讓繼承人們陷入泥沼中，不斷地以訴訟解決問題，不僅耗費司法資源，也會讓訴訟的時間無止境地拉長，增加彼此對立，這就喪失了原本想要立遺囑的美意。

第二個問題是親情可能撕裂。密封遺囑最大的問題，就是在於給所有繼承人的「驚喜」或「驚嚇」。當遺囑寫下偏愛特定人，卻又沒有溝通的時候，繼承人們有時候爭的不是錢，而是一口氣。對於繼承人而言，為什麼某個人可以取得比較多、為什麼我會比較少，甚至什麼都沒有，這很容易導致意氣之爭。對於這些繼承人而言，他們在乎的不見得是錢，而是愛。被繼承人一走了之，倒是無妨，但是對於活著的人來說，這就是永無止境的折磨，甚至會讓原本和樂的一群兄弟姊妹，為此反目成仇。因此，密封遺囑當然可以保密，但是保密過後，衍生的後續震撼，是被繼承人在書寫遺囑的時候，必須要注意的議題。

其實，所有的後事安排，最好的方式就是坦然公開，不要把財產拿來當作誘惑子女或是要脅子女的工具。花光的叫做財產，沒花完的叫做遺產。當我們年老以後，財產應該是讓自己老年過得快樂的方式，而不是留著保護子女的工具。林則徐曾經說過：「子孫若如我，留錢做什麼？賢而多財，則損其志；子孫不如我，留錢做什麼？愚而多財，益增其過。」愛子女的方式可以有很多種，留下自己的愛，是最好的模式，但是愛，並不等於錢，這是給所有熟齡者的建議。

國家圖書館出版品預行編目資料

預見熟年的自己：老後自在的生活法律
/ 呂秋遠 著一初版 .-- 臺北市：三采文化，
2021.09
面：公分 .—(FOCUS：100)

ISBN 978-957-658-630-9(平裝)

1. 老年 2. 法律諮詢

544.8 110013051

suncolor 三采文化集團

FOCUS 100

預見熟年的自己

老後自在的生活法律

作者｜ 呂秋遠
副總編輯｜ 郭玫禎 校對｜ 黃薇霓
美術主編｜ 藍秀婷 封面設計｜ 池婉珊 內頁排版｜ 陳珮娟
行銷經理｜ 張育珊 行銷企劃專員｜ 蔡芳瑀 人物攝影｜ 林子茗

發行人｜ 張輝明 總編輯｜ 曾雅青 發行所｜ 三采文化股份有限公司
地址｜ 台北市內湖區瑞光路 513 巷 33 號 8 樓
傳訊｜ TEL:8797-1234 FAX:8797-1688 網址｜ www.suncolor.com.tw
郵政劃撥｜ 帳號：14319060 戶名：三采文化股份有限公司
本版發行｜ 2021 年 9 月 3 日 定價｜ NT$400

著作權所有，本圖文非經同意不得轉載。如發現書頁有裝訂錯誤或污損事情，請寄至本公司調換。 All rights reserved.
本書所刊載之商品文字或圖片僅為說明輔助之用，非做為商標之使用，原商品商標之智慧財產權為原權利人所有。

suncolor

suncolor